CONSTRUIRE POUR DEMAIN,
L'ARCHITECTURE ÉCOLOGIQUE

© 2008, Éditions Place des Victoires,
6, rue du Mail - 75002 Paris, pour la présente édition.
www.editions-placedesvictoires.com

ISBN : 978-2-8099-0011-8
Dépôt légal : 1er trimestre 2009
Imprimé en Chine

Projet éditorial :
2008 © LOFT Publications
Via Laietana, 32, 4.°, Of. 92 - 08003 Barcelone, Espagne
Tél.: +34 932 688 088 - Fax: +34 932 687 073
loft@loftpublications.com
www.loftpublications.com

Direction artistique : Mireia Casanovas Soley
Coordination éditoriale : Simone Schleifer
Éditeur et textes : Mariana R. Eguaras Etchetto
Maquette : Ignasi Gracia Blanco
Coordination des traductions : Equipo de Edición, Barcelone
Traductions : Geoffrey Kealty (anglais), Katrin Kügler (allemand), Éditions 360 (français),
Persklaar (néerlandais)

Photo de couverture: © Alasdair Jardine

CONSTRUIRE POUR DEMAIN,
L'ARCHITECTURE ÉCOLOGIQUE

ÉDITIONS
PLACE DES
VICTOIRES

« Depuis des millénaires, l'homme se bat pour obtenir sa place dans la nature. Pour la première fois dans l'histoire de notre espèce, la situation s'est renversée et aujourd'hui, il est impératif de laisser de la place à la nature dans notre monde. »

Santiago Kovadloff, philosophe et écrivain argentin (né en 1942)

102 RÉSIDENCE LLIRI BLAU
Luis de Garrido, Casas Bioclimáticas

114 VILLA À CANTALLOPS
Tremacoldi Vallribera Arquitectes

122 MAISON LEBLANC
Peter Cardew Architects

130 VILLA BANDEIRA DE MELLO
Mauro Munhoz Arquitetura

140 MAISON LES-GWEN MCDONALD
Martin Liefhebber/Breathe Architects

150 VILLA PUTNEY
Tonkin-Zulaikha-Greer Architects

158 MAISON WALLA WOMBA
1+2 Architecture

168 MAISON ACAYABA
Marcos Acayaba

This circular house, made from wood, is characterized by its ability to rotate – either manually, by remote control or automatically – in both directions, following or not following the course of the sun. Other features of this model are its resistance to cyclones and earthquakes, and its varying sizes – between 44 and 200 m^2.

Dieses aus Holz gefertigte Rundhaus lässt sich –manuell, per Fernbedienung oder automatisch – in zwei Richtungen drehen und so nach dem Sonnenverlauf ausrichten. Außerdem ist es resistent gegen Wirbelstürme und Erdbeben und in seiner Grundfläche variierbar (44-200 m^2).

DOMESPACE

Patrick Marsilli

Quimper, France

Cette maison circulaire en bois est caractérisée par sa capacité à tourner – soit manuellement, soit électriquement – dans les deux sens, afin de pouvoir suivre la course du soleil. Ses autres particularités sont sa résistance aux cyclones et aux tremblements de terre et sa surface qui varie entre 44 et 200 m^2.

Kenmerkend voor dit ronde houten huis is dat het kan ronddraaien – ofwel handmatig met afstandsbediening ofwel automatisch – met de klok mee of ertegenin, om de loop van de zon te volgen. Andere kenmerken van dit ontwerp zijn bestendigheid tegen cyclonen of aardbevingen en de variatie in afmetingen, variërend van 44 tot 200 m^2.

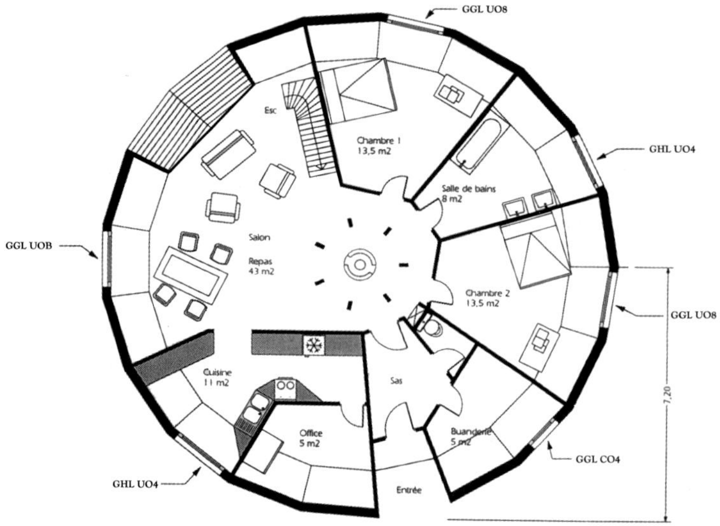

Ground floor

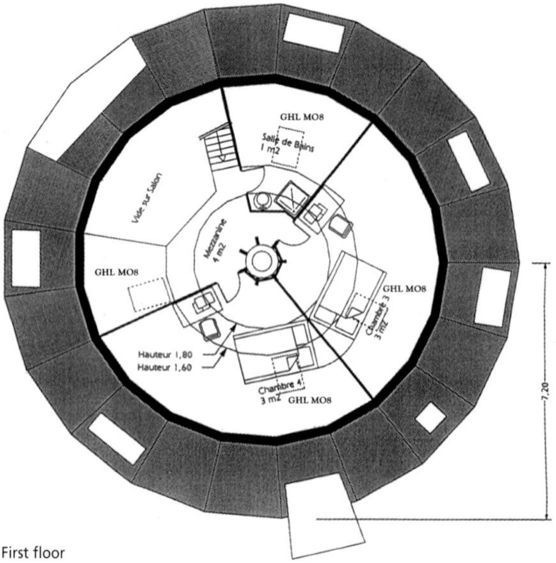

First floor

The space meets geo-biological requirements and is free from electro-magnetic and water currents, as well as radioactivity.

Das Haus zeichnet sich durch die Einhaltung geobiologischer Anforderungen aus, ist frei von elektromagnetischer Strahlung, Wasseradern und Radioaktivität.

Le concept Domespace s'adapte à l'énergie solaire et limite la radioactivité ; le modèle surélevé est à l'abri des inondations.

De ruimte voldoet aan geobiologische eisen en is vrij van radioactiviteit, elektromagnetische stromen en waterstromen.

The idea with this house was to reduce wasted materials, to build a durable structure, to use renewable energy (active solar) and to create a healthy atmosphere in each model built. The structure of the house and its finishes include certified wood and the use of eco-resin.

Grundidee war es hier, Abfallmaterialien zu verwenden, um ein langlebiges Gebäude zu errichten, erneuerbare Energien (aktive Solarenergie) zu nutzen und eine gesunde Atmosphäre in den Innenräumen zu schaffen. Geprüftes Holz und Ecoresin (umweltverträgliches Kunstharz) sind die am häufigsten eingesetzten Materialien.

GLIDEHOUSE

Michelle Kaufmann

Novato, CA, USA

La construction de cette maison devait permettre d'établir une structure durable, de réduire les déchets, d'utiliser l'énergie solaire et de créer un environnement sain dans chaque modèle construit. Sa structure et ses finitions comprennent du bois certifié et de la résine biologique.

Het idee was bij de bouw van dit huis materiaalverspilling tegen te gaan en een duurzame constructie neer te zetten, vernieuwbare energie zoals zonne-energie te gebruiken en een gezonde leefomgeving te creëren in elk model gebouw. Voor de constructie en afwerking zijn gecertificeerd hout en eco-hars gebruikt.

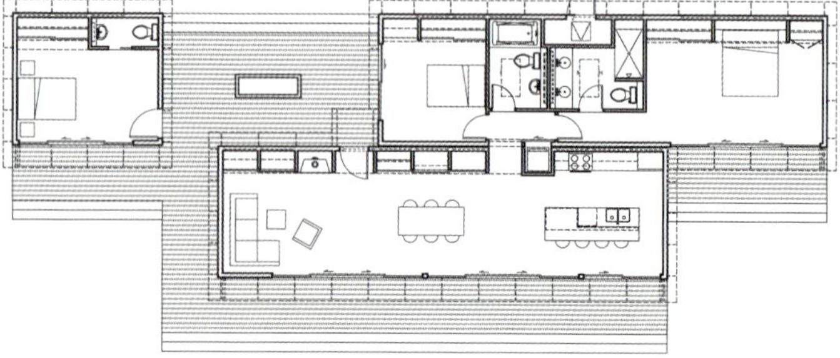

Floor plan

Bamboo was used for the flooring, the surfaces were treated with non-toxic substances, and the paint had low doses of volatile organic compounds.

Die Oberflächen wurden mit ungiftigen Substanzen behandelt und die Farben enthalten geringe Anteile flüchtiger organischer Verbindungen.

On a utilisé du bambou pour le sol, traité les surfaces avec des produits non toxiques et la peinture comporte très peu de composants volatiles.

Voor de vloeren is bamboe gebruikt en de oppervlakken zijn behandeld met gifvrije producten. De verf bevatte lage doseringen vluchtige organische componenten.

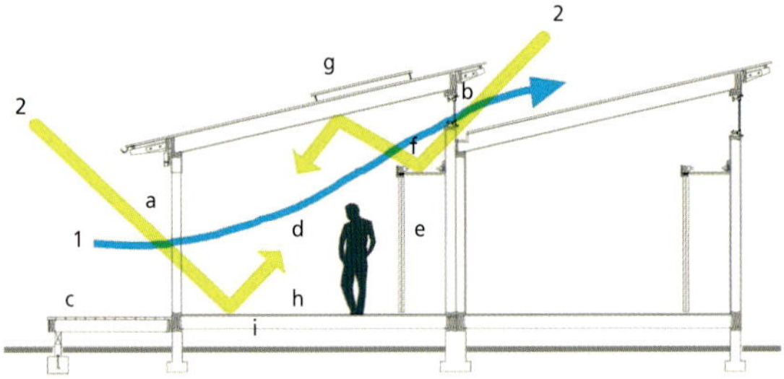

Bioclimatic section

a. Siding-glass-door wall
b. Clerestory windows
c. Outdoor room
d. Indoor living
e. Storage bar with customizable shelving behind sliding wooden doors
f. Up-lighting
g. Solar panels on metal standing-seam roofing
h. Bamboo flooring
i. Energy-efficient insulation
1. Cross ventilation in all the main spaces
2. Balanced daylighting-indirect lighting washes surfaces with light

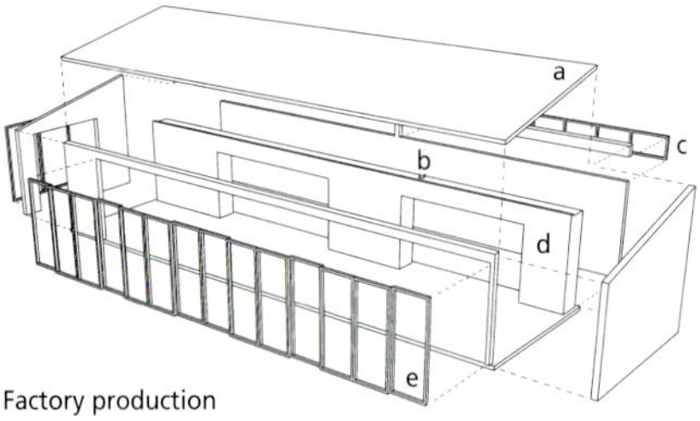

Factory production

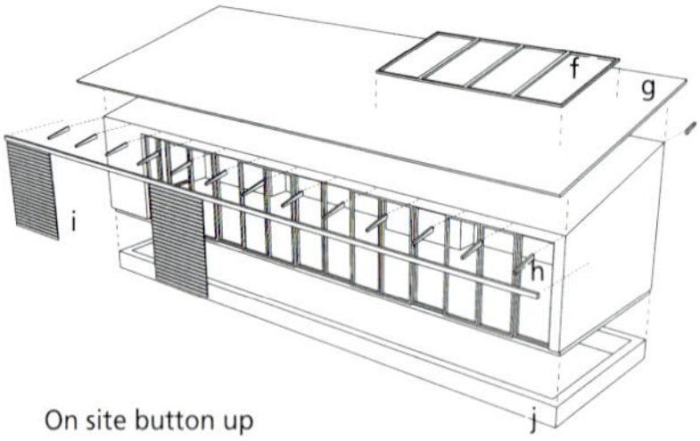

On site button up

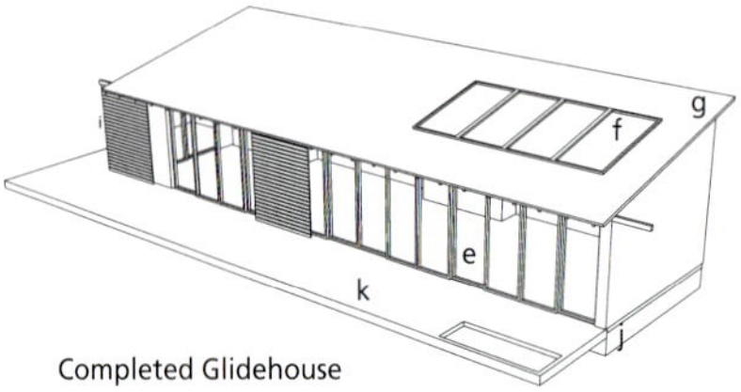

Completed Glidehouse

a. Roof structure
b. Hidden up-lighting
c. Clerestory windows
d. Storage bar
e. Siding glass wall
f. Site installed solar panels
g. Site installed standing seam metal roofing
h. Roof brackets
i. Siding wood screens
j. Site built foundation
k. Site built deck

MOBILE / MODULAR
TRANSPORTING
878-8400
L9000

The building and subsequent renovation of this house kept to a minimum the impact on the natural surroundings. For example, the loss of the meadow was offset by the planted roof, recycled materials were used in construction and the chimney was made of surplus bricks from the factory where they were manufactured.

Beim Bau und der späteren Renovierung dieses Hauses wurde darauf geachtet, möglichst wenig in die natürliche Umgebung einzugreifen. Zum Beispiel wurden der bebaute Teil der Wiese durch ein bepflanztes Dach ersetzt, recycelte Baumaterialien verwendet und der Kamin aus bei der Produktion abfallenden Steinen gemauert.

BRUNSELL-SHARPLES HOME

Obie G. Bowman

The Sea Ranch, CA, USA

La construction – et la rénovation ultérieure – de cette maison n'ont guère perturbé la nature alentour. Par exemple, la surface de prairie disparue a été compensée par un toit végétal, on a utilisé des matériaux recyclés pour la construction et bâti la cheminée avec des briques provenant d'un surplus d'usine.

Bij de bouw en renovatie van dit huis is geprobeerd zo min mogelijk in te grijpen in de natuurlijke omgeving. Het verlies van het weiland is bijvoorbeeld gecompenseerd door het begroeide dak, er zijn gerecyclede materialen gebruikt en de schoorsteen is gemaakt van bakstenen die de fabriek over had.

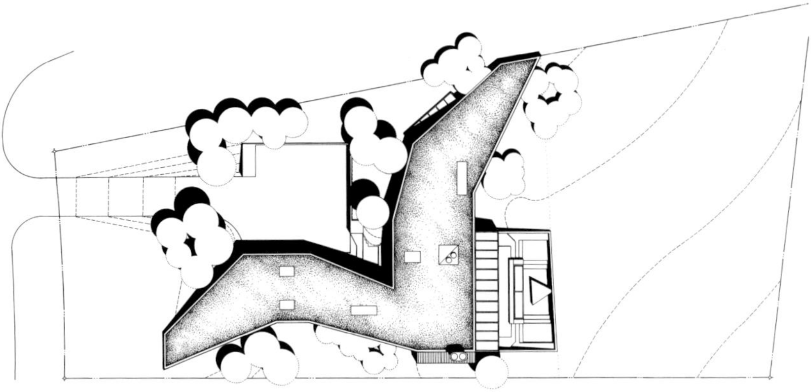

Location plan

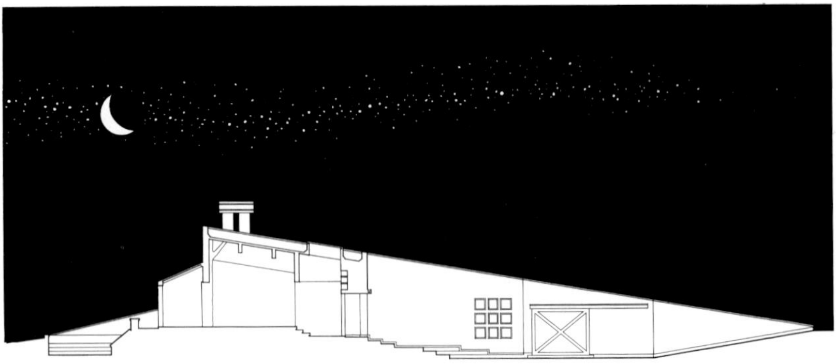

Section

The bio-climatic design uses internal products or systems which enable natural aging.

Beim bioklimatischen Design werden Materialien eingesetzt, die auf natürliche Weise altern.

Une conception « durable » nécessite des produits et des systèmes internes supportant un vieillissement naturel.

Het bioklimatologische ontwerp maakt gebruik van producten en systemen die op natuurlijke wijze kunnen verouderen.

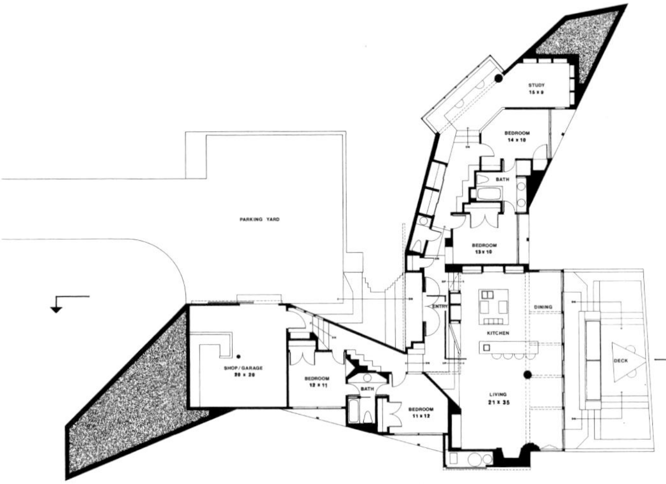

Floor plan

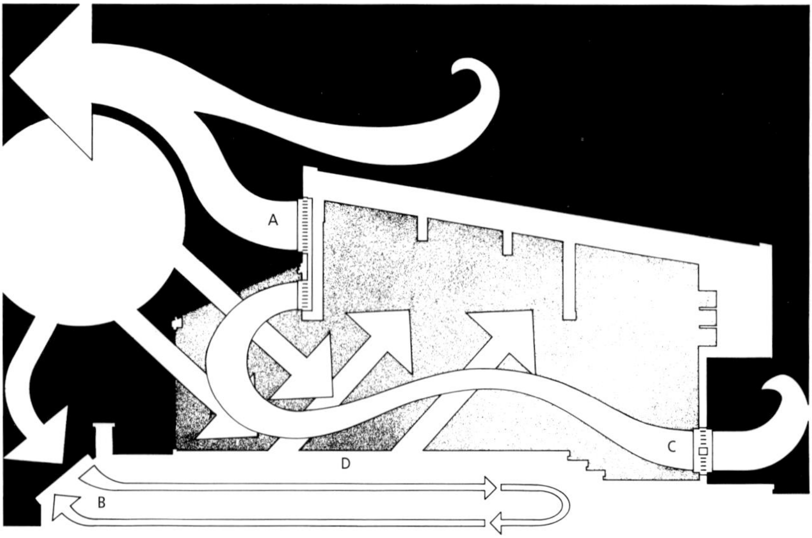

Bioclimatic diagram

A. Continuous discharge manifold
B. Solar hot water collector
C. Air intake louvers
D. Brick over slab floor mass

1 2 3 4 5 6 7
8 9 10 11 12 13 14
15 16 17 18 19 20 21
22 23 24 25 26 27 28
29 30

Tree houses are fragile structures as they are built on living entities, so their duration depends on the resistance and the life of the trees in which they are constructed. There is the possibility to adapt one of the compartments for guests, and from inside the cabin one can enjoy the natural surroundings which are within easy reach.

Baumhäuser sind zerbrechliche Strukturen, da sie auf lebendem Grund gebaut werden. Ihre Lebensdauer hängt von der Widerstandskraft der Bäume ab. Bei diesem Baumhaus, von dem aus man sich mit einem Schritt mitten in der Natur befindet, kann ein Teil als Gästezimmer abgeteilt werden.

BETWEEN ALDER AND OAK

Andreas Wenning/Baumraum

Bad Rothenfelde, Germany

Les maisons dans les arbres sont des structures fragiles car elles sont bâties sur un corps vivant. Leur durée de vie dépend de la résistance des arbres qui les accueillent. Il est possible de transformer l'un de ces compartiments en chambre d'amis et, de la cabane, on peut profiter de la vue sur la nature environnante.

Boomhutten zijn fragiel omdat ze op levende elementen steunen. Hun duurzaamheid hangt daardoor af van de bestendigheid en levensduur van de bomen waarin ze zijn gebouwd. Hier kan een compartiment voor logees worden ingericht. Vanuit het boomhuis kan men genieten van de natuur rondom, die binnen handbereik ligt.

Cross elevation

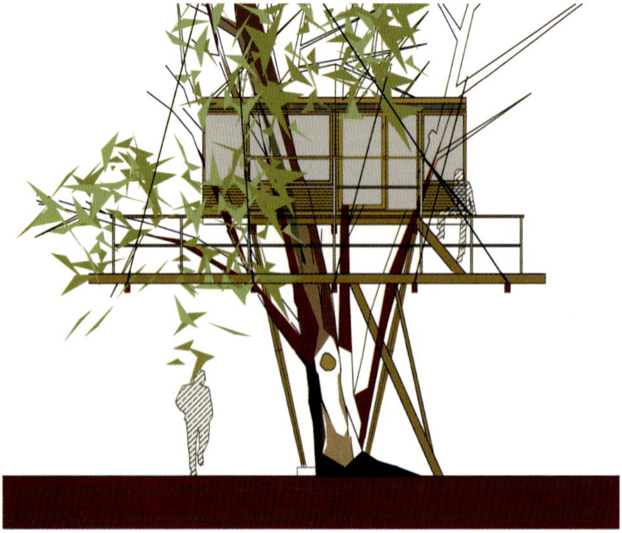

Longitudinal elevation

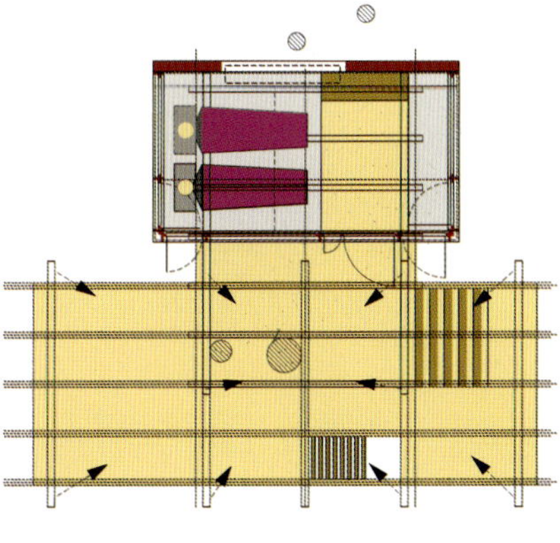

Terrace floor plan

The oak tree can only partially support the weight of the structure so two supports have been placed on a concrete foundation.

Da die Eiche das Gesamtgewicht des Baumhauses nicht tragen kann, wurden zwei Stützen mit Betonfundament als Entlastung hinzugefügt.

Le chêne ne peut que partiellement supporter le poids de la structure et deux étais ont été fixés dans un socle en béton.

De eikenboom kan maar ten dele het gewicht van de constructie dragen en daarom zijn er ook twee steunpilaren geplaatst op een betonnen fundering.

This prototype stands out for its highly efficient heating system, placed behind the wall. The hot/cold air system is placed along the half circumference created by the steel roof. Its reduced weight allows for lighter foundations and quick installation (3 months).

Dieser Prototyp zeichnet sich durch eine hocheffiziente Wandheizung aus. Angebracht wurde die Klimaanlage entlang des Halbkreises des aus Stahl gefertigten Daches. Aufgrund des reduzierten Gewichts musste nur ein leichtes Fundament gelegt werden. Außerdem war die Gesamtbauzeit mit 3 Monaten relativ kurz.

HOUSE OF HUTS

Studio NL-D

Breda, The Netherlands

Ce prototype est remarquable par son système efficace de chauffage situé derrière le mur. Le système d'air chaud et froid se trouve près du demi-cercle du toit en tôle, dont le poids réduit autorise des fondations plus légères et une installation rapide (3 mois).

Het prototype valt meteen op door zijn uiterst efficiënte, achter de muur verborgen verwarmingssysteem. Het systeem van warme en koude lucht loopt langs de halvecirkelomtrek van het stalen dak. Vanwege het beperkte gewicht kan worden volstaan met lichtere fundamenten en is het huis snel te installeren (binnen 3 maanden).

In the cavity between the ceiling and the exterior of the corrugated steel roof, almost 1.1 miles of tubes carry water which is fluid refrigeration or heating.

Zwischen der Innenmauer und der äußeren Schicht aus geriffeltem Stahl leitet ein nahezu 1,8 km langes Röhrensystem Wasser für die Kühlung und Heizung des Baus.

Entre le plafond et le toit de tôle ondulée, on a placé près de 1,8 km de tuyaux afin de transporter l'eau qui servira à rafraîchir ou à chauffer la maison.

Tussen het plafond en de buitenkant van het golfplaten dak loopt 1,8 km aan buizen waardoor water stroomt dat als koel- of verwarminsgvloeistof dient.

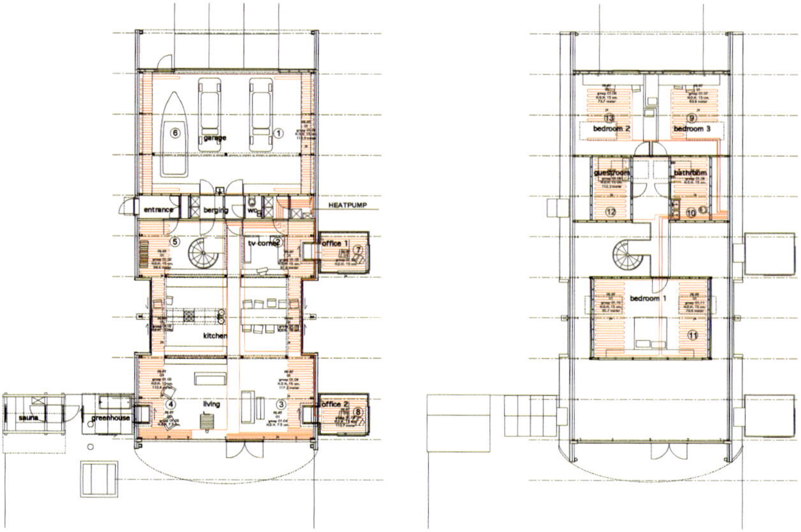

Heating

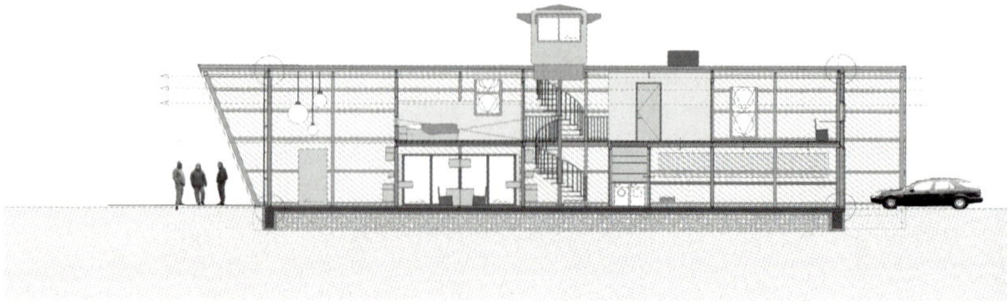

Section

The inspiration for the project was a typical regional farmhouse. An existing cherry tree was preserved, around which there is a central courtyard. The house needs little energy for controlling room temperatures: in the summer the natural ventilation is sufficient and in winter a renewable source – burning biomass (pellets) – heats the rooms.

Inspiriert ist dieses Projekt an regionaltypischen Bauernhäusern. Um einen bereits existierenden Kirschbaum herum wurde der Innenhof angelegt. Nur wenig Energie ist notwendig, um die Raumtemperatur anzupassen: Im Sommer genügt die natürliche Belüftung und im Winter dient Biomasse (Pellets) als Brennmaterial.

W HOUSE

Markus Gentner/att architekten

Gräfenberg, Germany

Ce projet s'inspire des fermes typiques de la région. Autour d'un cerisier préservé s'étend une cour centrale. La maison utilise très peu d'énergie pour contrôler la température de ses pièces : l'été, la ventilation naturelle est suffisante et l'hiver, une source d'énergie renouvelable – les briques de biomasse – chauffe la maison.

Een voor de regio typerende boerderij vormde de inspiratie voor dit project. Rondom een oude kersenboom werd een binnenplaats aangelegd. Er is weinig energie nodig om het huis op temperatuur te houden: 's zomers volstaat natuurlijke ventilatie en 's winters worden de kamers verwarmd door de verbranding van biomassa.

Model house

Rendering

Sewage is directed to a micro-biological treatment plant; there it is treated and then returned to the surrounding ground.

Das Abwasser wird in eine mikrobiologische Aufbereitungsanlage gleitet und anschließend dem Grundwasser wieder zugeführt.

Les eaux usées sont dirigées vers une usine microbiologique où elles sont traitées avant de retourner à la terre.

Afvalwater wordt naar een microbiologische zuiveringsinstallatie geleid; daar wordt het behandeld en vervolgens teruggevoerd naar de omliggende grond.

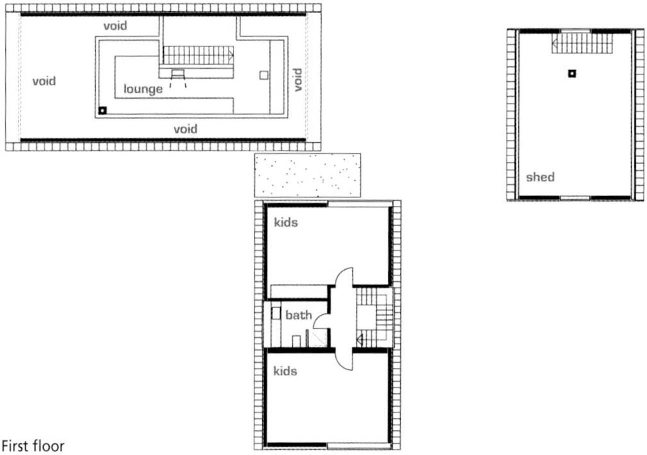

First floor

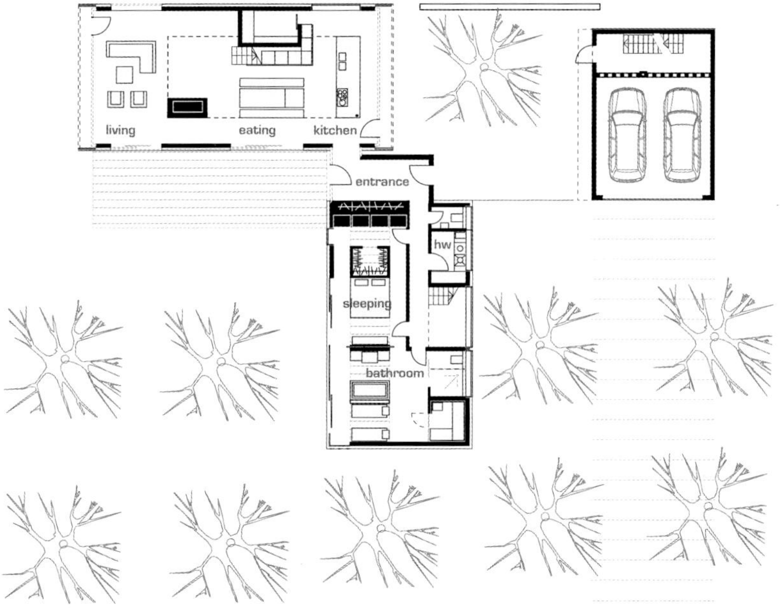

Ground floor

The orientation of this house was chosen to make the most of the sun in winter and through ventilation in summer. The outside walls and the roof are covered in wood with cellulose insulation, made up of recycled newspaper, which provides thermal insulation.

Die Ausrichtung dieses Hauses wurde so gewählt, dass im Winter die bestmögliche Nutzung des Sonnenlichts und im Sommer eine optimale Durchlüftung möglich ist. Eine aus recyceltem Zeitungspapier hergestellte Wärmeisolation bedeckt Außenwände und Dach.

K & S HOUSE

Jordan Architektur & Energie

Oed, Austria

L'orientation de cette maison a été choisie pour bénéficier d'un maximum de soleil l'hiver et des courants d'air l'été. Les murs extérieurs et le toit sont recouverts de bois et d'isolants en papier journal recyclé, ce qui assure une parfaite isolation thermique.

De oriëntatie van het huis is zo gekozen dat 's winters de zon optimaal benut wordt en er 's zomers voldoende verkoeling is. De buitenmuren en het dak zijn bedekt met hout met cellulose-isolatie, gemaakt van oude kranten, om het huis thermisch te isoleren.

The downstairs floor is filled with insulating material and the finishes are wood and aluminum.

Der Boden des Erdgeschosses wurde mit Isolationsmaterial gefüllt und die Oberflächen bestehen aus Holz und Aluminium.

Le sol du rez-de-chaussée est rempli de matériaux isolants et les finitions sont en bois et en aluminium.

Onder de met hout en aluminium afgewerkte vloeren op de benedenverdieping zit isolatiemateriaal.

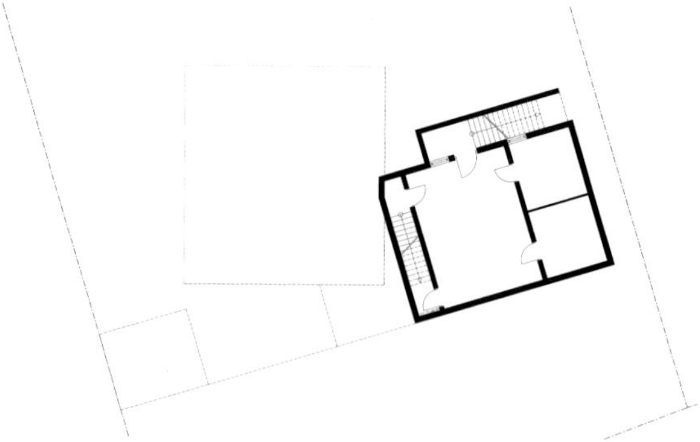
Basement floor plan

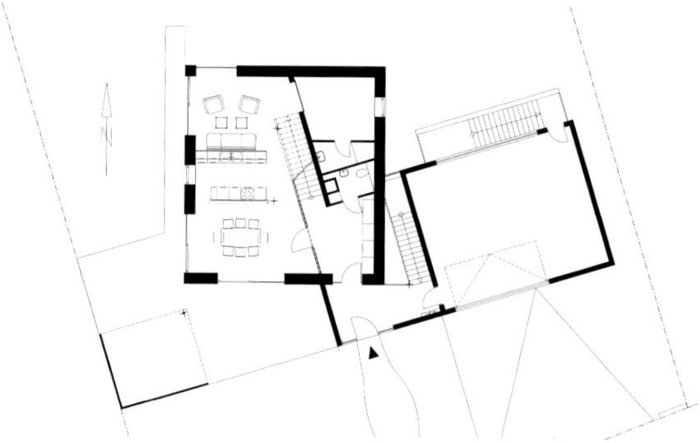
Ground floor plan

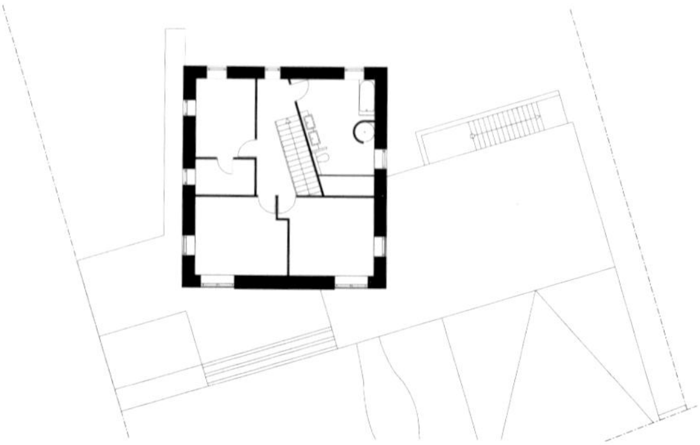
First floor plan

The objective of the design of this house is clear from its lay out: to create a continuous space, making the most of natural light and establishing a close relationship between inside and out. The house has a 4 kW photovoltaic system which provides approximately 85% of the energy the property needs.

Aus seinem Grundriss lassen sich bereits die wichtigsten Eigenschaften dieses Hauses erkennen. Es zeichnet sich durch einen durchgehenden Wohnraum, die bestmögliche Nutzung des Tageslichts und eine enge Verbindung zwischen dem Innen- und Außenbereich aus. Nahezu 85% der benötigten Energie wird durch eine 4-KW-Solaranlage gedeckt.

EHRLICH RESIDENCE

John Friedman Alice Kimm Architects

Santa Monica, CA, USA

À regarder son plan, on comprend aisément les objectifs de cette construction : créer un espace continu, en exploitant la lumière naturelle au maximum et en créant un lien étroit entre intérieur et extérieur. Un système photovoltaïque de 4 kw fournit environ 85 % de l'énergie dont la maison a besoin.

Wat het ontwerp van dit huis beoogde, wordt duidelijk door het grondplan: een doorlopende ruimte waardoor het daglicht optimaal benut wordt en er een direct verband tussen binnen en buiten is. Het huis beschikt over een fotovoltaïsch systeem van 4 kW dat in circa 85% van de energiebehoefte voorziet.

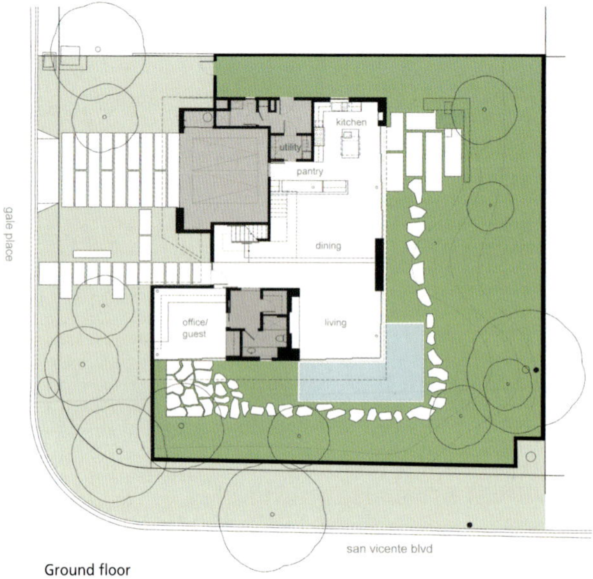

Ground floor

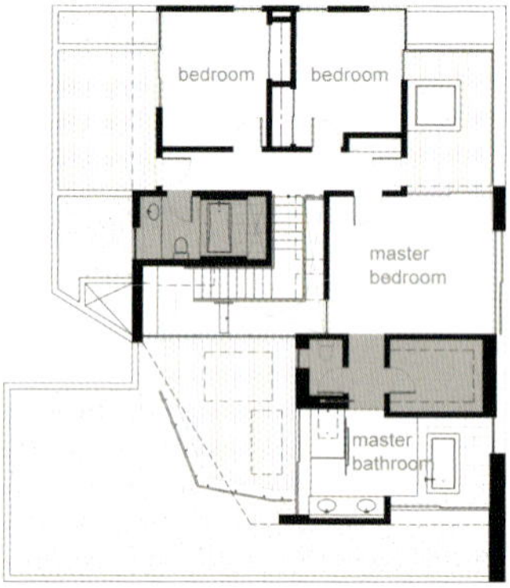

First floor

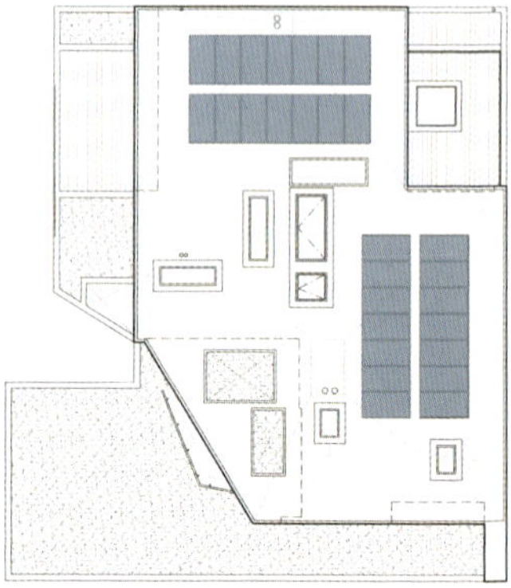

Roof plan

The house is covered in plaster and cement panels, and the wood used comes from sustainable plantations.

Die Verkleidung des Hauses besteht aus Gips- und Zementpaneelen. Das Holz stammt aus nachhaltigem Anbau.

La maison est recouverte de panneaux de plâtre et de ciment et le bois provient de forêts plantées pratiquant le développement durable.

Het huis is bedekt met pleister en betonnen panelen. Het hout is afkomstig van duurzame plantages.

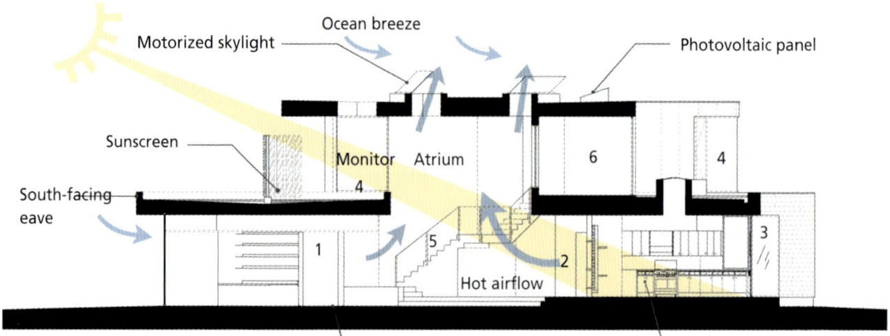

Bioclimatic section

1. Office
2. Dining
3. Kitchen
4. Terrace
5. Stair/atrium
6. Master bedroom

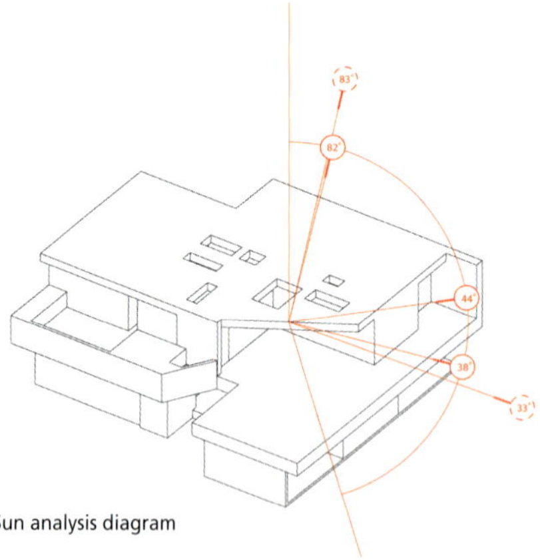

Sun analysis diagram

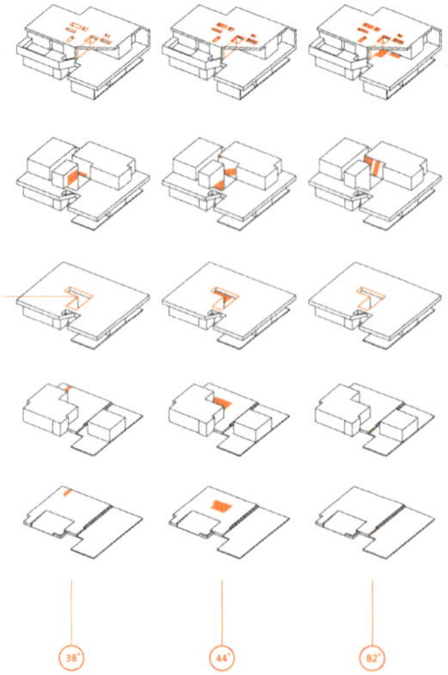

33° Angle of sun able to go through void X < 83 °C
38° Dec. 21, 12 pm (lowest declination)
44° Jan. 15, 12 pm
82° June 21, 12 pm (highest declination)

Void
Sun fall-off area

This group of 129 properties is highly energy-efficient and the structures can be changed easily and practically without producing waste. The reduction of energy consumption was a priority in planning the orientation of the buildings. The houses have thermal solar panels and planted roofs.

Diese aus 129 Wohneinheiten bestehende Anlage zeichnet sich durch hohe Energieeffizienz aus. Die Häuser können leicht an unterschiedliche Ansprüche angepasst werden. Um einen niedrigen Energieverbrauch zu erzielen, wurde die Ausrichtung der mit bepflanzten Dächern und Solarpaneelen ausgestatteten Gebäude exakt geplant.

LLIRI BLAU RESIDENCE

Luis de Garrido, Casas Bioclimáticas

Massalfassar, Spain

Cet ensemble de 129 habitations est quasi autonome en termes d'énergie et ses structures peuvent être modifiées aisément, en créant un minimum de déchets. La diminution de la consommation énergétique était une priorité dans le choix de l'orientation des bâtiments. Les maisons sont équipées de panneaux solaires thermiques et de toits végétaux.

Deze 129 wooneenheden zijn zeer energie-efficiënt en de constructies kunnen makkelijk en vrijwel zonder extra afval te produceren worden veranderd. Verlaging van het energieverbruik genoot hoge prioriteit bij het bepalen van de oriëntatie van de gebouwen. De huizen hebben thermische zonnepanelen en begroeide daken.

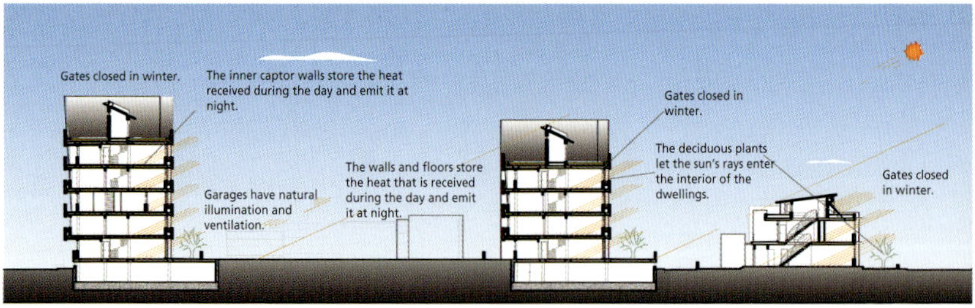

Bioclimatic section (winter)

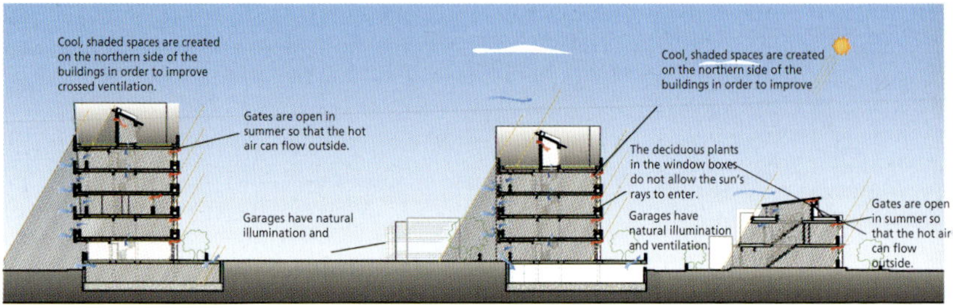

Bioclimatic section (summer)

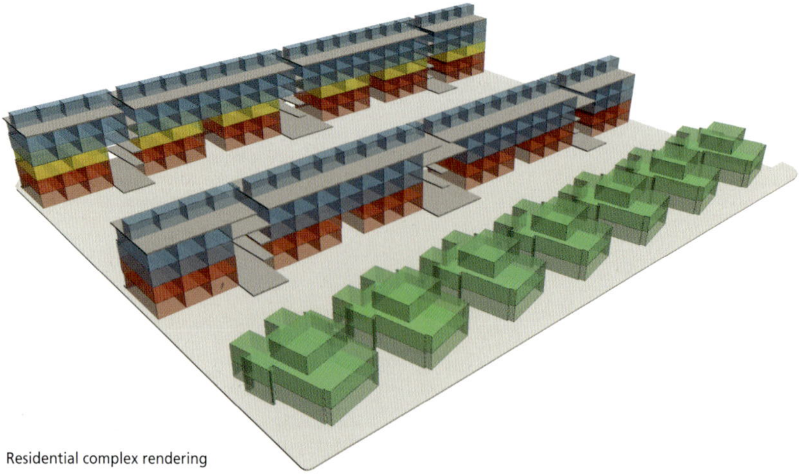

Residential complex rendering

The materials used both inside and out are 100% ecological, recycled and recyclable.

Die innen und außen verwendeten Materialien sind zu 100% biologisch, recycelt und wiederverwertbar.

Les matériaux utilisés à l'intérieur comme à l'extérieur sont 100 % écologiques, recyclés et recyclables.

Alle materialen, voor binnen en voor buiten, zijn 100% ecologisch, gerecycled of recyclebaar.

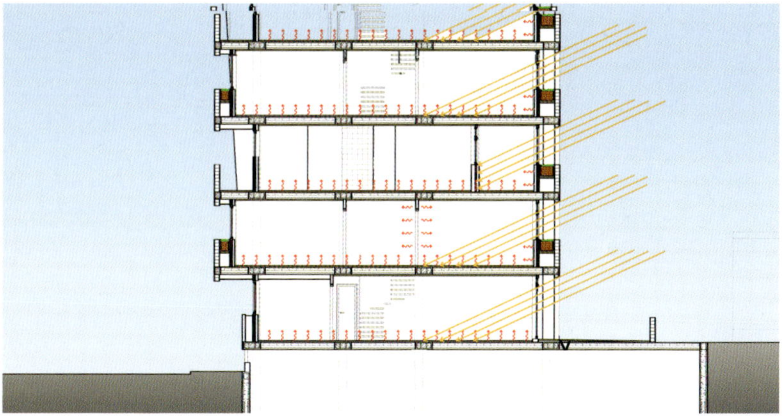

Bioclimatic section (blocks in winter)

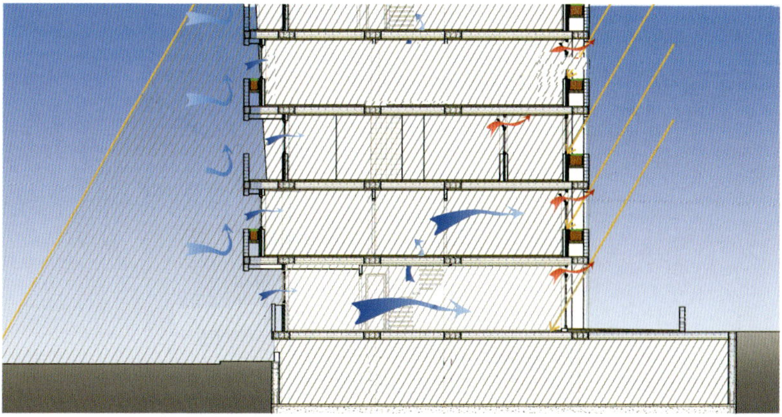

Bioclimatic section (blocks in summer)

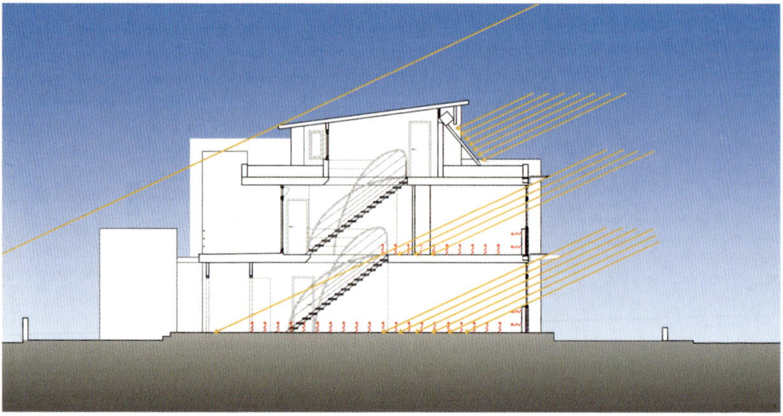

Bioclimatic section (detached houses in winter)

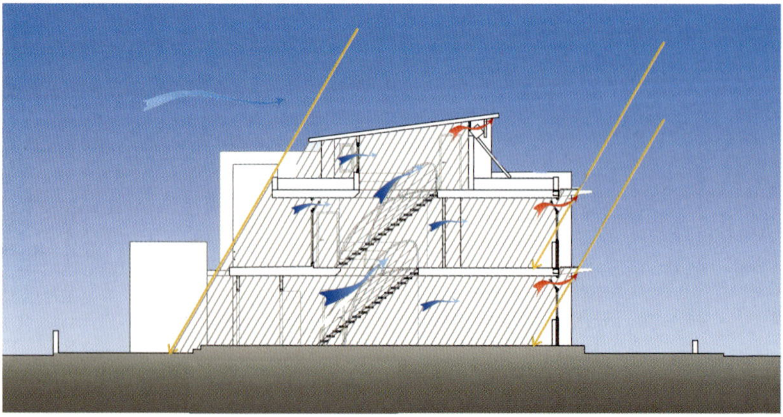

Bioclimatic section (detached houses in summer)

This lot still has the original boundary walls of an old mill dating from the middle of the 20th century and the property was placed inside, preserving the existing trees. The strong northern winds of the region, which can reach up to 140 km per hour, were also taken into account, the old walls being used as double protection.

Dieses Haus wurde auf einem Grundstück gebaut, auf dem immer noch die Außenmauer und die Bäume eines Mühlenbetriebs aus der Mitte des 20. Jahrhunderts stehen. Als Schutz gegen die in der Region typischen hohen Windgeschwindigkeiten (140 km/h) dienen die alten Mauern.

HOUSE IN CANTALLOPS

Tremacoldi Vallribera Arquitectes

Cantallops, Spain

Ce terrain comporte encore les murs d'enceinte d'un vieux moulin construit dans les années 1950. La maison y a été bâtie, en préservant les arbres. Les vents du nord, soufflant parfois jusqu'à 140 km/h, ont aussi été pris en compte lors de la construction, les murs anciens faisant office de double protection.

Deze kavel bezit nog de oorspronkelijke grensmuren van een oude molen uit omstreeks 1950. De woning werd binnen deze grenzen gebouwd, zodat de bomen gespaard bleven. De muren bieden tevens bescherming tegen de sterke noordenwind die in de regio overheerst en een snelheid kan bereiken van 140 km/h.

Fire-proof bricks were used to ensure a healthy home, without toxicity, radiation or allergies, and water acts as a bio-climatic catalyst.

Mit wärmedämmenden Materialien wird eine gesunde, gift- und strahlungsfreie Atmosphäre geschaffen. Dabei fungiert Wasser als bioklimatischer Katalysator.

On a ici utilisé des briques anti-feu pour créer une maison sûre, sans toxicité, radiations ni allergies et où l'eau joue un rôle de catalyseur bioclimatique.

De vuurbestendige bakstenen creëren een gezonde leefomgeving, zonder giftige stoffen, straling of allergenen. Water fungeert als bioklimatologische katalysator.

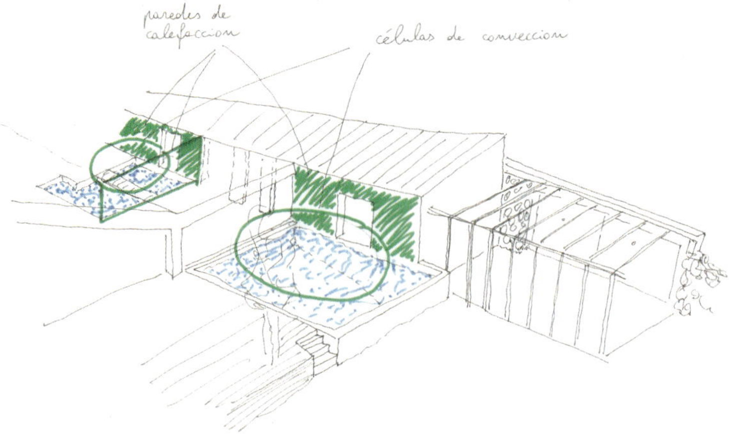

Illustration of the thermal mass heating system (winter)

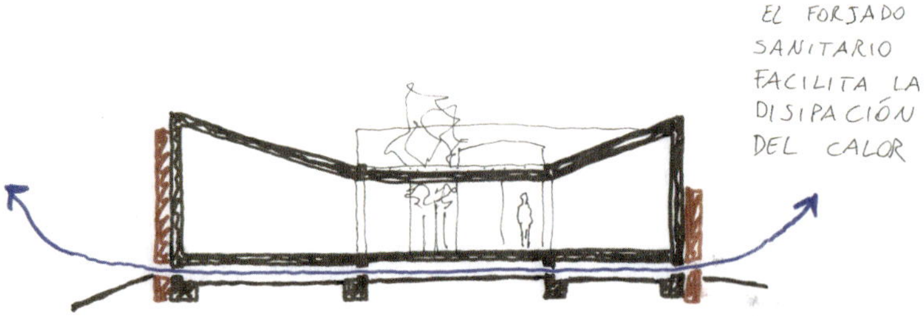

Heat dissipation diagram

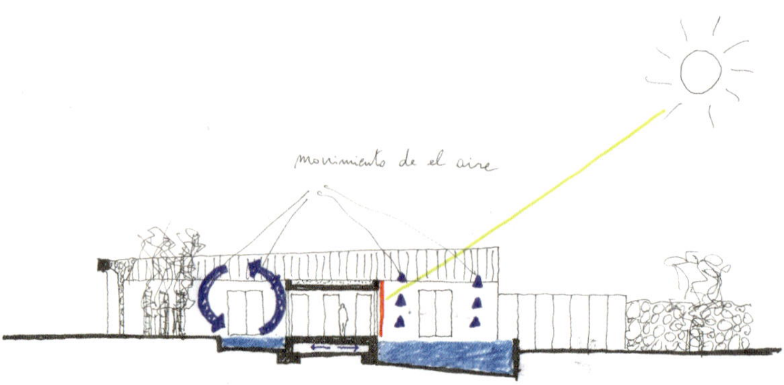

Illustration of the convection cooling system (summer)

The driving philosophy behind this project was to justify the renovation of an old house against demolishing it. This saved materials and energy, without wasting the inherent qualities of the old components. Everything used in the restoration was chosen for its durability, efficiency and ability to create light in the house.

Die Grundidee hinter diesem Projekt war es, ein altes Haus zu renovieren statt es abzureißen. Dadurch wurden Baumaterialien und Energie eingespart und die Strukturen des alten Gebäudes genutzt. Es wurden nur langlebige Materialien verwendet, die eine optimale Nutzung des Lichtes ermöglichen.

LEBLANC HOUSE

Peter Cardew Architects

West Vancouver, Canada

L'idée centrale de ce projet consistait à rénover une vieille maison plutôt que de la démolir. Cela a permis d'économiser des matériaux et de l'énergie, sans gaspiller les qualités inhérentes aux anciens composants. Tous les matériaux ont été choisis pour leur durabilité, leur efficacité et leur capacité à apporter de la lumière à la maison.

De filosofie achter dit project is de renovatie rechtvaardigen van een huis dat beter gesloopt had kunnen worden. Maar zo werden materialen en energie gespaard en werden de kwaliteiten van de oude componenten niet verspild. Alles wat gebruikt werd, moest duurzaam en efficiënt zijn – én een licht huis creëren.

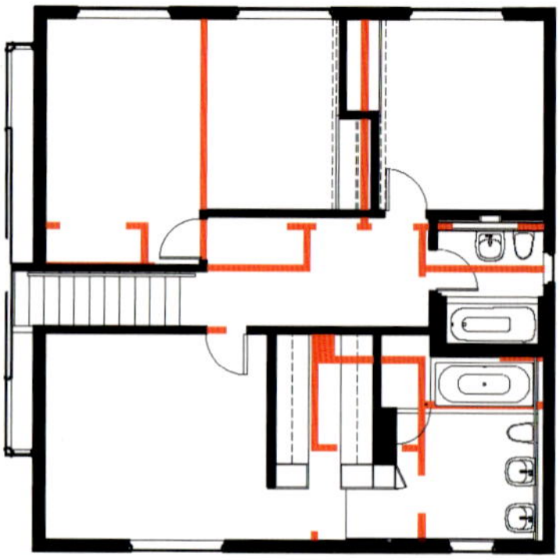

Before/after floor plans

Before/after

The main changes were the use of more efficient windows, the improvement of the thermal insulation and the installation of under-floor heating.

Die Hauptveränderungen bestanden in einer effizienteren Gestaltung der Fenster und der Wärmedämmung sowie in der Installation einer Fußbodenheizung.

Le changement principal a été la pose de fenêtres plus efficaces, l'amélioration de l'isolation thermique et l'installation d'un chauffage au sol.

De belangrijkste veranderingen waren het gebruik van efficiëntere ramen, een verbeterde warmte-isolatie en de aanleg van vloerverwarming.

This house is made entirely of cumaru wood from forests certified by environmental authorities. The energy efficiency of the house is improved by solutions in the design of the project, such as passive ventilation, natural light, and making use of the sun and the shade provided by porches and brise-soléis.

Dieses Wohnhaus besteht komplett aus Cumaru-Holz aus zertifiziertem Anbau. Verschiedene Lösungen wurden gefunden, um die Energieeffizienz des Gebäudes zu steigern: passive Belüftung, Tageslichtnutzung, Sonnenlicht- und Schattennutzung mithilfe von Veranden und Brise-Soleils.

BANDEIRA DE MELLO HOUSE

Mauro Munhoz Arquitetura

Andrea Feltrin, Eduardo Lopes, Viviane Alves, Fabiana Tanuri (collaborators)

Itú, Brazil

Cette maison est entièrement faite de bois de cumaru certifié par les services de l'environnement. Le rendement énergétique de cette maison est optimisé grâce à l'aération passive, la lumière naturelle et l'usage du soleil et de l'ombre offerts par les vérandas et les brise-soleil.

Dit huis is volledig gebouwd van cumaruhout afkomstig van plantages met een keurmerk van een erkende milieuorganisatie. De energie-efficiëntie van het huis is verbeterd door oplossingen in het ontwerp, zoals passieve ventilatie, daglicht, gebruik van de zon en de schaduw die wordt verschaft door veranda's en zonwering.

The building has open spaces which make the most of its privileged tropical location. Sunlight pours into the central rooms and then into the rest of the areas.

Dank zahlreicher offen gestalteter Bereiche kann die tropische Umgebung ungestört genossen werden. Sonnenlicht kann in alle Räume des Hauses eindringen.

La construction comporte des espaces ouverts qui permettent de profiter de ce lieu tropical extraordinaire. Le soleil inonde toutes les pièces de la maison.

Door het open ontwerp benut dit huis zijn exclusieve tropische locatie optimaal. Het zonlicht stroomt de centrale ruimten en vandaaruit verder het huis binnen.

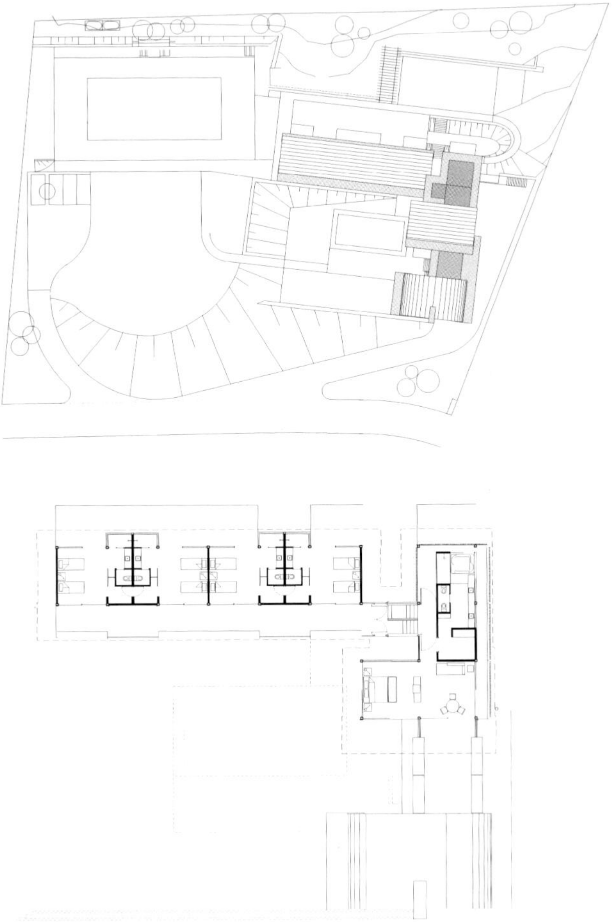

Plans

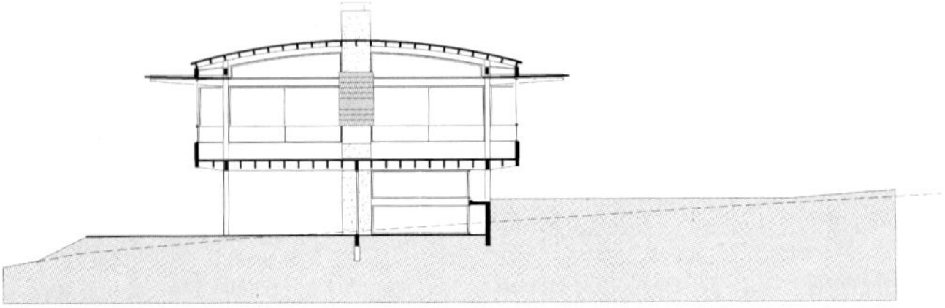

Elevation

This house functions entirely without connection to any supply network which means it can be considered 100% auto-sufficient in terms of energy. The covering on the façades varies depending on orientation or use, and is made up of bundles of straw used as thermal insulation.

Dieses Haus ist mit keinerlei Stromversorgungsnetz verbunden. Dies bedeutet, es ist hinsichtlich seiner Energieversorgung 100% autonom. Die zur Isolationszwecken aus Strohbündeln bestehende Fassadenverkleidung kann dem jeweiligen Nutzungszweck angepasst werden.

LES-GWEN MCDONALD HOME

Martin Liefhebber/Breathe Architects

Prince Edward County, Canada

Cette maison, qui fonctionne sans raccordement à un réseau, est autonome à 100 % en matière d'énergie. Le revêtement de la façade varie selon l'orientation et son usage. Il est ici composé de bottes de paille qui servent d'isolation.

Dit huis functioneert zonder te zijn aangesloten op enig netwerk, wat betekent dat het in termen van energie kan worden beschouwd als 100% zelfvoorzienend. De bekleding van de gevels varieert naar ligging ten opzichte van de zon en gebruik, en is gemaakt van bundels stro die dienen als warmte-isolatie.

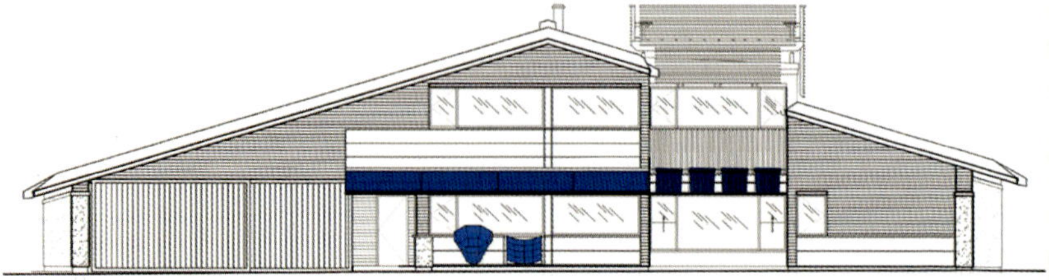

Elevation

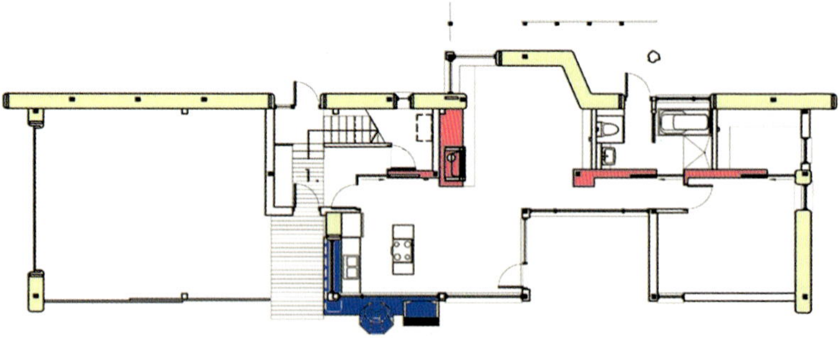

Floor plan

No glues or solvents have been used in the finishes so the interior is free from volatile organic compounds.

Um die Innenräume von flüchtigen organischen Verbindungen frei zu halten, wurden keinerlei Klebe- oder Lösungsmittel verwendet.

Aucune colle ou solvant n'ont été utilisés pour les finitions et, à l'intérieur, on ne trouve aucune trace de substances volatiles nocives.

Er is in de afwerking geen gebruikgemaakt van lijm of oplosmiddelen, zodat het huis vanbinnen vrij is van vluchtige organische componenten.

This property was built on the banks of the river Parramatta, in Sydney bay. It receives light from the north and shade from the south. Large windows let in natural light and ventilate the rooms, and the shape of the roof provides shade for the house.

Dieser Bau wurde am Ufer des Parramatta, an der Sydneybucht, errichtet. Von der Nordseite erhält er Licht, von der Südseite aus wird Schatten gespendet. Die großen Fenster ermöglichen den Einfall von natürlichem Tageslicht und die Belüftung der Räume. Die Form des Dachs wirft dabei einen angenehmen Schatten.

PUTNEY HOUSE

Tonkin-Zulaikha-Greer Architects

Sydney, Australia

Cette maison a été érigée sur les berges du Parramatta, dans la baie de Sydney. Elle reçoit la lumière du nord et l'ombre du sud. De grandes fenêtres laissent entrer le soleil et permettent de ventiler les pièces. La forme du toit procure de l'ombre à la maison.

Dit onroerend goed is gebouwd op de oever van de rivier de Parramatta, in de baai van Sydney. Het krijgt licht vanuit het noorden en schaduw vanuit het zuiden. Grote ramen laten daglicht binnen en zorgen voor de nodige ventilatie. Door de vorm van het dak krijgt het huis voldoende schaduw.

The sliding windows have no frames in order to allow each opening to portray views of the countryside.

Durch die rahmenlosen gläsernen Schiebetüren kann die Aussicht auf die umliegende Landschaft ohne Einschränkung genossen werden.

Les fenêtres coulissantes n'ont pas de cadres afin que chaque ouverture offre une vue sur la campagne.

De schuiframen hebben geen kozijnen zodat door elke opening uitzicht op de landelijke omgeving mogelijk is.

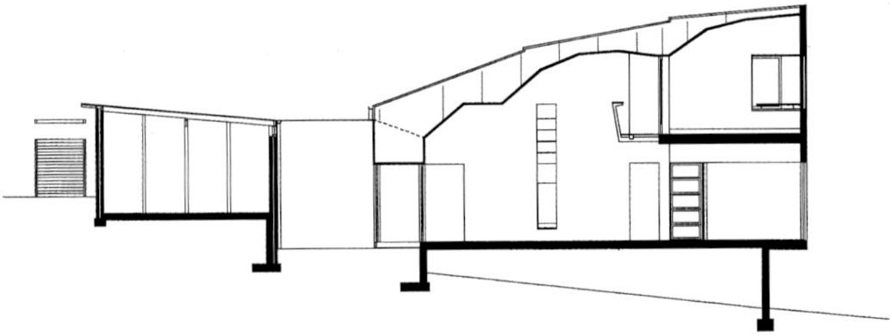

Elevation

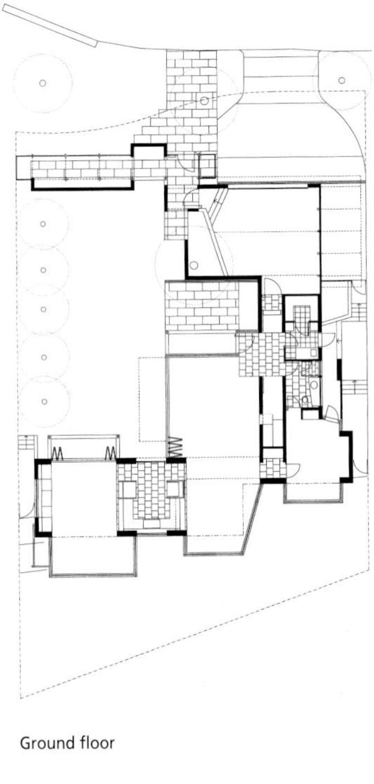

Ground floor

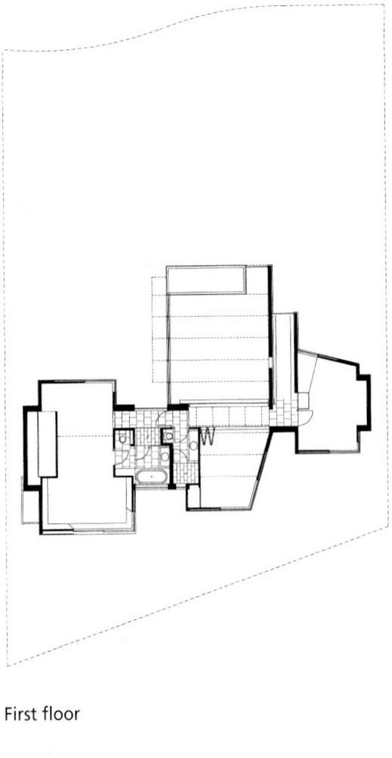

First floor

The house was built on an elevated steel structure to reduce to a minimum the problems of excavating the earth and the consequent disturbance of the plant life. Where the passive solar energy proved insufficient a photovoltaic solar captor has been used, backed up by a generator.

Als Tragwerk für dieses Haus wurde eine Stahlkonstruktion gewählt, die dazu beiträgt, dass in den Baugrund und somit in die Natur möglichst wenig eingegriffen wird. Wo die passive Solarenergie nicht ausreicht, springt eine durch einen Generator unterstützte Solaranlage ein.

WALLA WOMBA HOUSE

1+2 Architecture

Bruny Island, Tasmania, Australia

Cette maison a été construite sur un plan surélevé en acier pour réduire les dommages causés aux plantes lorsque l'on creuse la terre. Si l'énergie solaire passive se montre insuffisante, un capteur solaire photovoltaïque prend le relais ainsi qu'un groupe électrogène en cas de besoin.

Dit huis is gebouwd op een verhoogde stalen structuur om de problemen die zich bij grondverzetwerk voordoen en de schade aan plantengroei tot een minimum te beperken. Waar de passieve zonne-energie niet toereikend is, wordt een fotovoltaïsch zonnepaneel gebruikt, dat kan teruggrijpen op een generator.

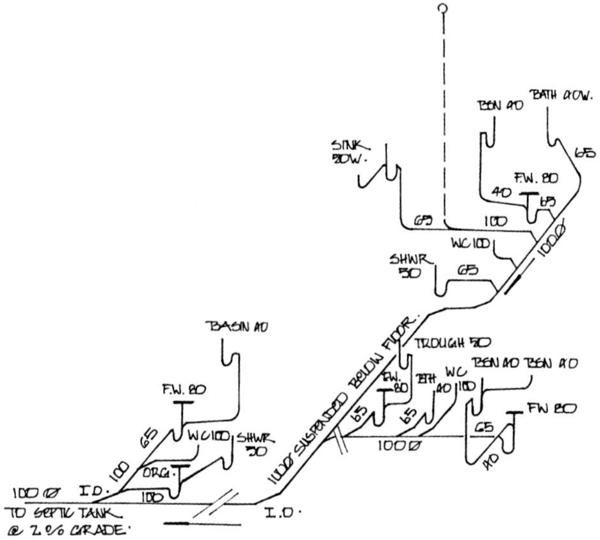

Sanitary plumbing isometric

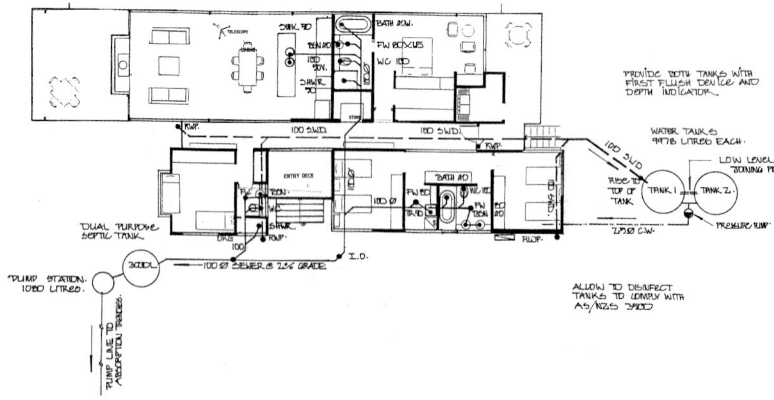

Storm water and sewer drainage

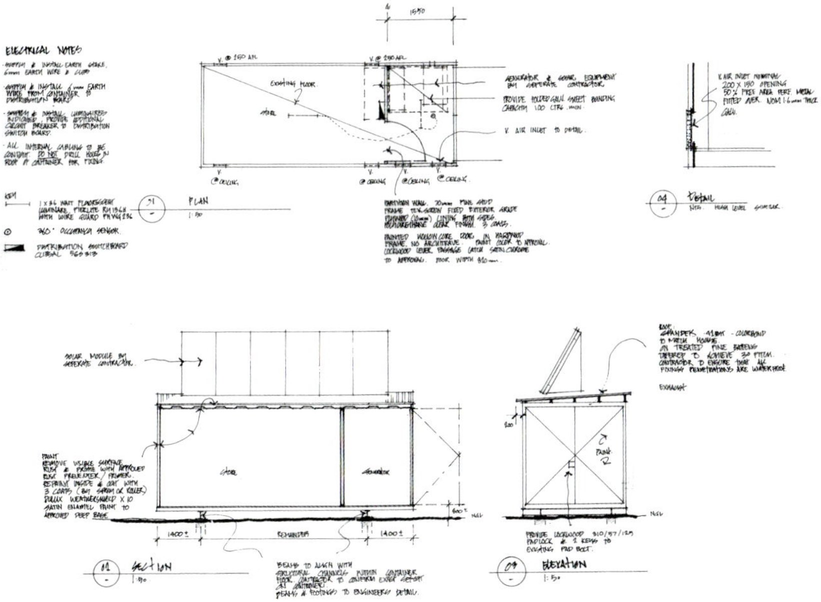

Solar and generator electrical system

From the point of view of saving energy, the orientation of the house from east to west means maximum use can be made of the sun.

Durch die von Osten nach Westen verlaufende Ausrichtung des Hauses kann das Sonnenlicht optimal genutzt werden.

En ce qui concerne l'économie d'énergie, l'orientation de la maison d'est en ouest bénéficie d'une exposition maximale au soleil.

Vanuit het oogpunt van energiebezuiniging betekent een oost-westligging dat een huis optimaal gebruikmaakt van de zon.

This house, a fine example of a property built on a slope without damaging the surroundings, is 150 m from the beach and 70 m above sea level. The site, Atlantic shrub forest, has been preserved by supporting the house on just three pillars, placed among the trees in a geometric hexagon.

Ziel war es hier, das 150 m vom Strand gelegene Gebäude an einem Hang zu errichten, ohne zu starke Eingriffe in die Umgebung vorzunehmen. Das von Sträuchern bedeckte Gelände wurde weitgehend erhalten, indem das Haus auf lediglich drei, in Sechseckform zwischen den Bäumen aufgestellten Pfeilern positioniert wurde.

ACAYABA HOUSE

Marcos Acayaba

Tujucopava, Guarajá, Brazil

Exemple parfait de construction en pente sans impact sur son environnement, cette maison est à 150 m de la plage et à 70 m au-dessus du niveau de la mer. Le site, la forêt atlantique, a été préservé en maintenant la maison sur trois piliers placés parmi les arbres.

Dit huis, een mooi voorbeeld van een woning die op een heuvel is gebouwd zonder de omgeving te schaden, staat op 150 m van het strand en op 70 m boven zeeniveau. Het terrein, bestaande uit Atlantisch heesterbos, is gespaard doordat het huis in een geometrische zeshoek op drie pijlers steunt te midden van de bomen.

This triangular structure, which extends like another tree, was put together with pillars and industrialized jatoba wood beams, steel, cables and tensors.

Das Dreieck wurde aus Pfeilern und industriell gefertigten Jatoba-Holzsäulen, Stahl, Kabeln und Tensoren konstruiert.

Cette structure triangulaire, qui s'étend comme un arbre, a été assemblée à l'aide de piliers et de poutres en bois de jatoba industriel, d'acier, de câbles et de tendeurs.

Deze driehoekige constructie, die zich uitstrekt als een normale boom, is samengesteld uit pijlers en balken van jatobahout, staal, kabels en spanners.

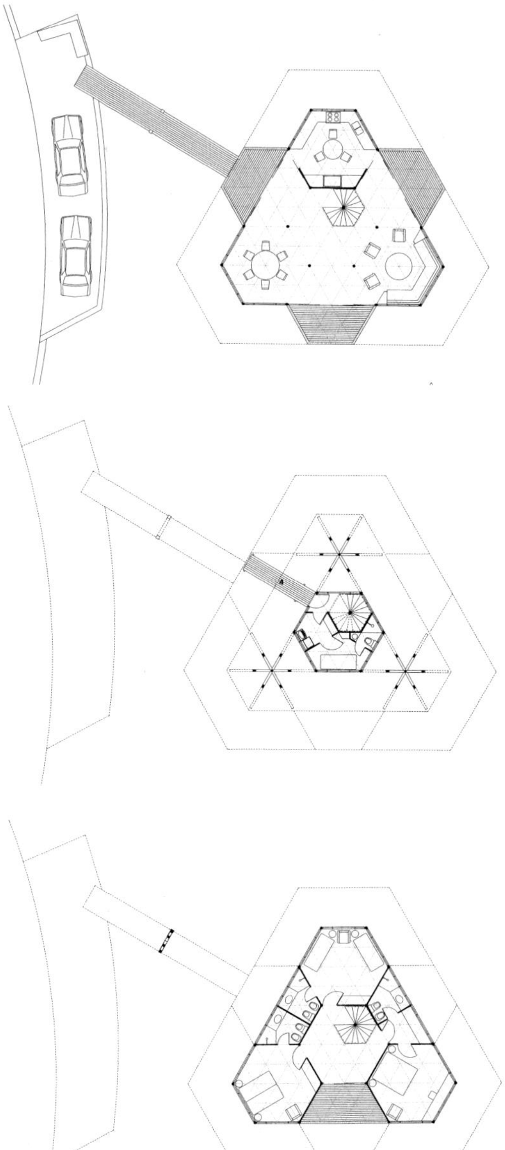

Plans

Designed as part of a competition, and used as a playhouse for children or an area to relax for adults, this cabin was built to look like a boat. In spaces of this kind unconventional sources of energy can be used, such as solar, methane gas – obtained from excrement – and kerosene lamps.

Die bootförmige Hütte entstand im Rahmen eines Wettbewerbs und wurde als Spielhaus für Kinder oder Entspannungsraum für Erwachsene konzipiert. Gerade solche Bauten eignen sich für unkonventionelle Energiequellen wie Sonnenenergie, Methangas aus tierischen Exkrementen und Kerosinlampen.

SWIFT

Treehouse Company

Mid Wales, United Kingdom

Conçue pour un concours et utilisée comme pièce de jeux et lieu de détente, cette maison s'inspire d'un bateau. Dans des espaces comme celui-ci, on peut utiliser des sources d'énergie inhabituelles comme le solaire, le méthane – obtenu à partir de déjections – et les lampes à kérosène.

Dit op een boot lijkende huisje werd als wedstrijdontwerp ingezonden. Het kan gebruikt worden als speelhuisje voor kinderen of als ontspanningsruimte voor volwassenen. In dit soort ruimten kunnen ongebruikelijke energiebronnen worden benut, zoals lampen die branden op zonne-energie, methaan uit stront of kerosine.

Sketch

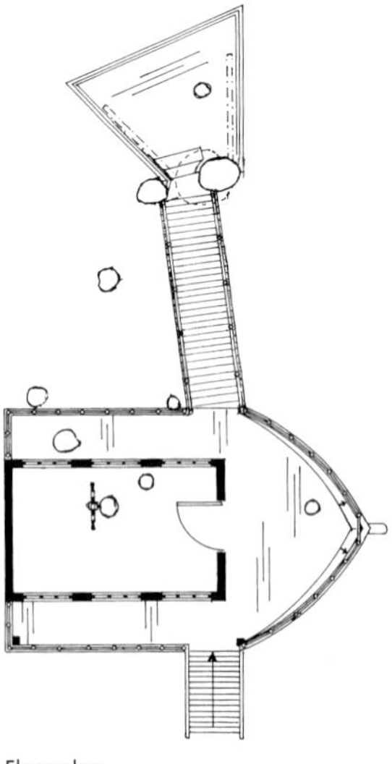

Floor plan

Elevation

Houses such as these can be made from leftover wood and furnished with rustic pieces and materials made from natural fibers.

Derartige Gebäude können aus Holzresten gebaut und mit alten Möbeln und natürlichen Materialien eingerichtet werden.

Ces maisons peuvent être bâties avec du bois de récupération et meublées de mobilier rustique et de tissus en fibres naturelles.

Huisjes als deze kunnen worden gemaakt van restpartijen hout en worden ingericht met rustieke meubels en materialen gemaakt van natuurlijke vezels.

Constructed in the shape of a cross, modular architecture with shipping containers was used as a model for this house. Measures were taken with the acoustics to avoid the reverberations produced in very high, cubic areas, and a false ceiling made from separate boards with wool mineral inside absorbs the noise.

Bei diesem im Grundriss kreuzförmigen Haus wurde die modulare Architektur der Schiffscontainer als Modell verwendet. Akustische Messungen wurden vorgenommen, um den in oberen Bereichen kubischer Formen entstehenden Widerhall zu vermeiden. Hierzu dient eine abgehängte Decke aus mit Mineralwolle verstärkten Platten.

LA RESERVA HOUSE

Sebastián Irarrázaval

La Reserva, Santiago de Chile, Chile

Construite en forme de croix, l'architecture modulaire faite de containers a servi de modèle à cette maison. Des mesures acoustiques ont été faites pour éviter les réverbérations qui se produisent dans les lieux cubiques de haute taille et un faux-plafond, fait de planches séparées et garni de laine minérale, absorbe le bruit.

Modulaire architectuur, kruisvormig gebouwd met behulp van containers, diende als model voor dit huis. Voor de akoestiek werden maatregelen genomen om echo's zoals die zich voordoen in erg hoge, kubusvormige ruimten te vermijden. Een verlaagd plafond van losse platen met binnenin mineraal wol moet het lawaai dempen.

The rusted steel panels make up a double facade that heats up and when the air moves it creates an insulation chamber which cools the partition in contact with the interior.

Die Paneele aus verrostetem Stahl bilden eine doppelte Fassade, die sich erwärmt. Die aufsteigende Luft erzeugt dann eine Isolationsschicht zur Kühlung der Innenmauer.

Le panneau en métal rouillé forme une double façade qui chauffe et, quand l'air circule, cela crée une chambre isolante qui rafraîchit la paroi en contact avec l'intérieur.

De verroeste stalen panelen vormen een dubbele gevel die warm wordt. De zich verplaatsende lucht creëert een isolatiekamer die voor afkoeling zorgt.

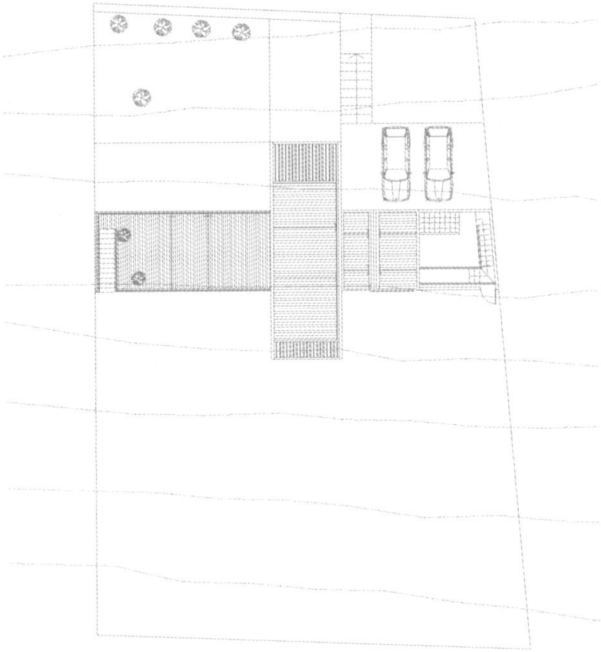

Plan

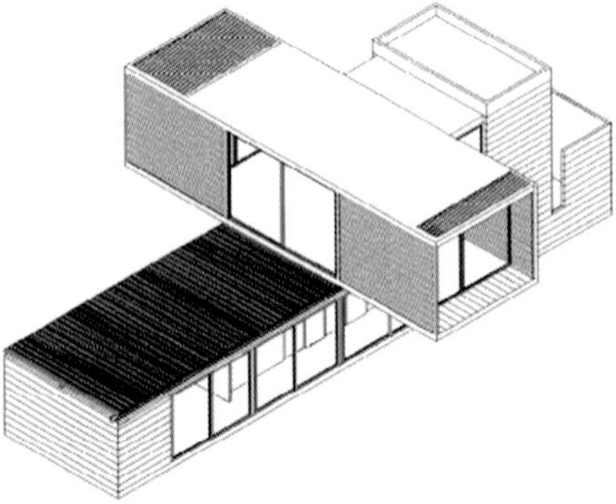

Axonomentry

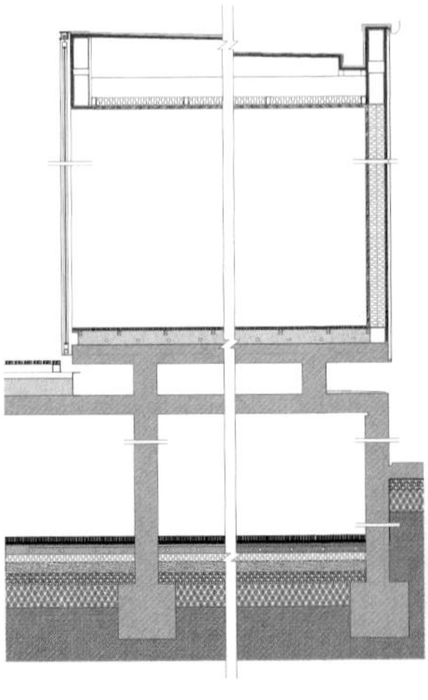

Construction detail

Located in the county of Ventura, where the byelaws only allow construction projects with low environmental impact, this house was built among rocks and stones. The rough granite terrain was used as a screen against the wind and the other inclement weather conditions in the area.

Im Bezirk Ventura gelegen, wo nach den geltenden Verordnungen nur ökologisch einwandfreie Bauvorhaben erlaubt sind, wurde dieses Gebäude zwischen Felsen und Steinen errichtet. Das raue felsige Grundstück schützt vor Wind und anderen Wettereinflüssen.

MATAJA RESIDENCE

Belzberg Architects

Santa Monica mountains, CA, USA

Situé dans le comté de Ventura, où les autorités locales n'autorisent que des projets respectant l'environnement, cette maison a été construite parmi les rochers et les pierres. Le sol inégal, composé de granit, a servi de protection contre le vent et autres manifestations climatiques peu clémentes de la région.

Dit huis werd te midden van rotsen en stenen gebouwd in Ventura County, waar de gemeenteverordeningen alleen de bouw toestaan van huizen met weinig impact op het milieu. Het ruwe granieten terrein werd gebruikt als scherm tegen de wind en andere gure weersomstandigheden die kunnen heersen in het gebied.

The 'butterfly' roof, orientated to make the most of the sun, also channels and collects water for plants in the surrounding garden.

Mit dem nach Süden ausgerichteten „Schmetterlingsdach" wird das Sonnenlicht optimal genutzt und Regenwasser zur Bewässerung des Gartens gesammelt.

Le toit en « papillon », orienté pour profiter du soleil, recueille l'eau pour arroser les plantes du jardin.

Het vlinderdak, dat zo georiënteerd is dat de zon optimaal wordt benut, vangt ook water op en leidt dat naar de planten in de omliggende tuin.

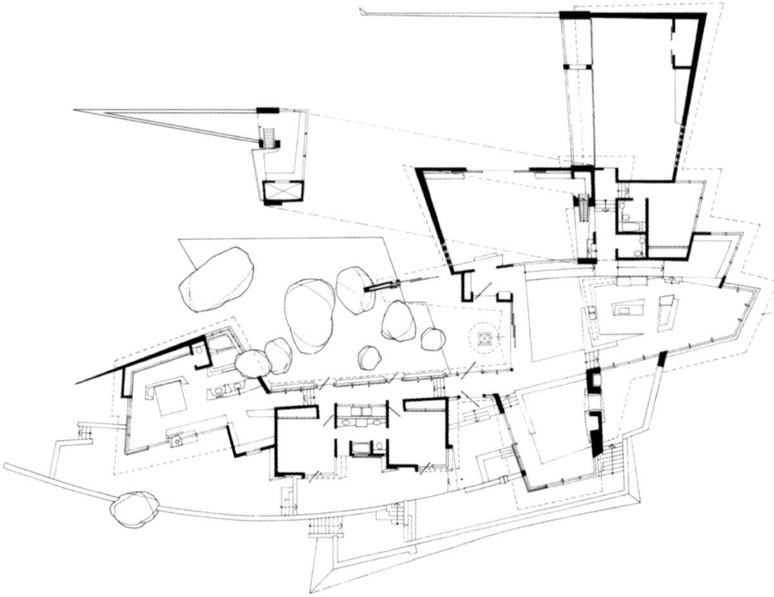

Plan

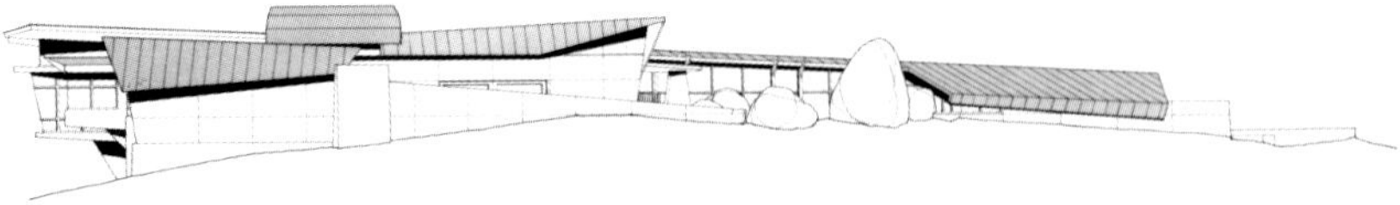

Elevations

Looking as if it were half buried, this house makes the most of its bio-climatic design: the wind is filtered through the crushed stone and the crevices to alleviate the high temperatures and the humidity in summer. In winter, when the snow falls, it accumulates on the slopes and provides an insulating cover.

Dieses auf den ersten Blick halb begrabene Haus nutzt sein bioklimatisches Design optimal aus: Der Wind wird durch Schotter und Risse gefiltert, um so die hohen Temperaturen und die Luftfeuchtigkeit im Sommer abzufedern. In Winter sammelt sich der Schnee auf der Abdachung und dient als Isolierung.

STONE HOUSE

Sambuichi Architects

Shimane, Japan

Paraissant à moitié ensevelie, cette maison tire parti de son design bioclimatique : le vent est filtré à travers la pierre aplatie et les fissures pour adoucir les températures élevées et l'humidité de l'été. En hiver, quand la neige tombe, elle s'accumule sur les pentes procurant ainsi une couverture isolante.

Dit huis, dat half begraven lijkt te zijn, benut zijn bioklimatologische ontwerp optimaal: de wind wordt gefilterd door de kapotgeslagen steen en de rotsspleten om de hoge temperaturen en hoge luchtvochtigheid in de zomer te temperen. 's Winters hoopt de sneeuw zich op de hellingen op en vormt zo een isolerende buffer.

The architect used a natural material (stone) and it was carefully placed to ensure the correct temperature in the rooms throughout the year.

Mit einem natürlichen Material (Stein) und der entsprechenden Anordnung gelingt es dem Architekten, das ganze Jahr über eine optimale Temperatur zu erreichen.

L'architecte a utilisé un matériau naturel, la pierre, de manière à ce qu'il fasse bon dans les pièces tout au long de l'année.

De architect gebruikte een natuurlijk materiaal (steen). Door een zorgvuldige plaatsing daarvan hebben de kamers het hele jaar door de juiste temperatuur.

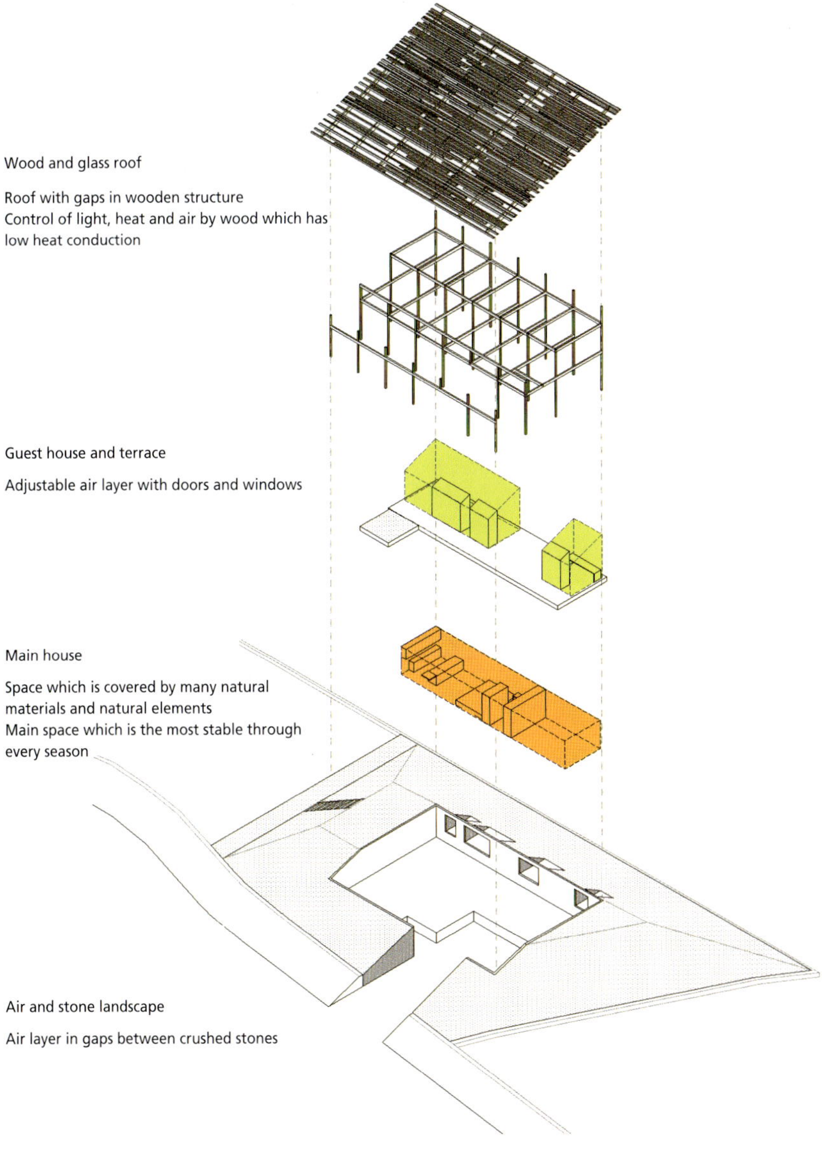
Wood and glass roof
Roof with gaps in wooden structure
Control of light, heat and air by wood which has low heat conduction
Guest house and terrace
Adjustable air layer with doors and windows
Main house
Space which is covered by many natural materials and natural elements
Main space which is the most stable through every season
Air and stone landscape
Air layer in gaps between crushed stones

SUMMER/OPEN+MESH

When the wooden doors and windows are opened, wind goes through the rooms of the upper and lower floors. Furthermore, it copes with high temperature and high humidity, because of the ventilation gaps In the wooden roof structure and the gaps between the crushed stones.

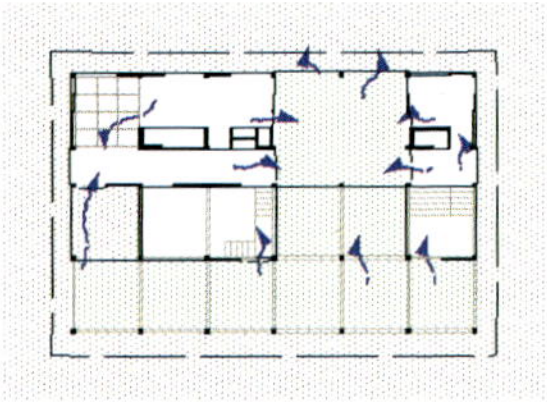

upper floor / guest house

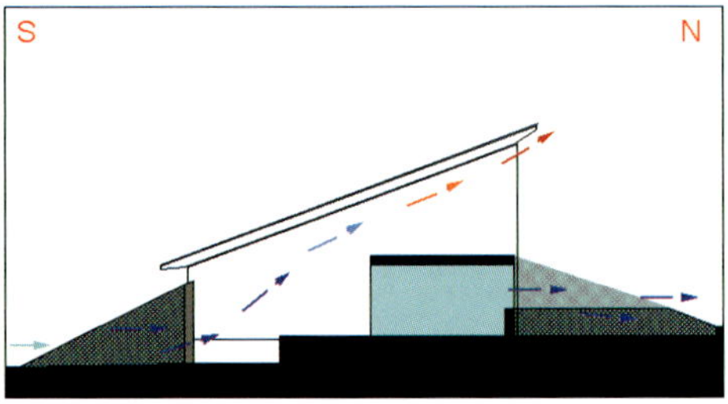

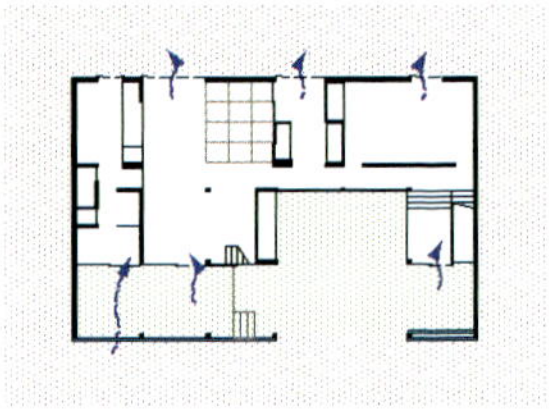

lower floor / main house

Section

WINTER/CLOSED

When the wooden doors and windows are closed, the whole upper floor becomes an atmospheric layer for the lower floor. When snow is piled up on the crushed stones, an insulating layer of air is created. Therefore, the main space of the lower floor is covered by several layers of air.

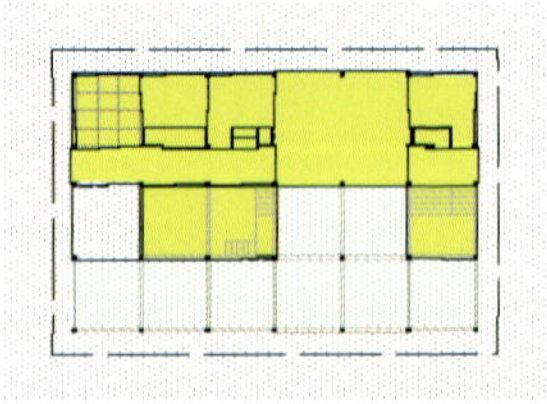

upper floor / guest house

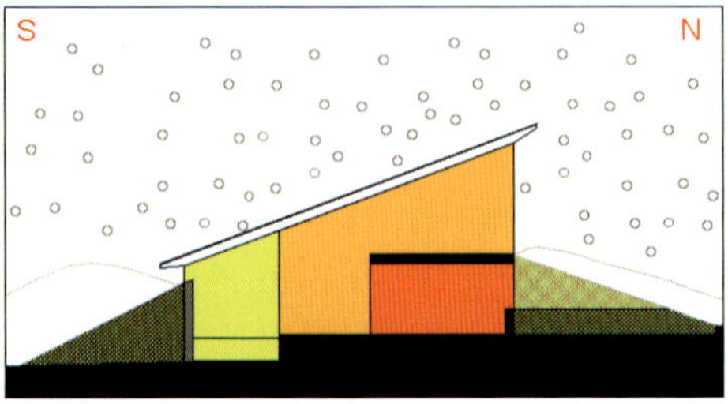

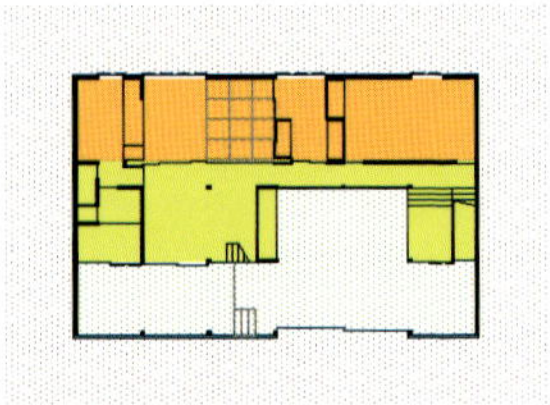

lower floor / main house

Section

This cabin is located on a remote point of the central southern coast of Chile. The objective of the project was to be in harmony with the surroundings and to respect them at all times. This was achieved by the materials used – pine wood and slate for the roof – and the setting of the property on the lot.

Diese Hütte befindet sich an einem abgelegenen Ort an der Südküste Chiles. Harmonie mit der Umgebung und ein respektvoller Umgang mit der Natur standen hierbei im Mittelpunkt. Dies wurde durch die verwendeten Materialien – Kiefernholz und Schiefer für das Dach – und die Aufstellungsart erreicht.

HOUSE IN BUCHUPUREO

Álvaro Ramírez & Clarisa Elton

Buchupureo, Chile

Cette maison est située au milieu de la côte sud du Chili. Le but de ce projet était de bâtir en harmonie avec la nature environnante. Cela a été possible grâce aux matériaux utilisés – du pin et de l'ardoise pour le toit – et à l'emplacement de la maison sur le terrain.

Dit huis bevindt zich op een afgelegen plek aan de kust van Zuid-Chili. Het doel van het project was een huis te bouwen dat in harmonie is met zijn omgeving en de natuur respecteert. Dit werd bereikt door de materiaalkeuze – grenenhout en leisteen voor het dak – en de positionering van het gebouw op het terrein.

The house sits on a steep slope on pillars that reduce the impact of the property on the ground and at the same time allow the free flow of rain water.

Das Gebäude liegt auf einem stark abschüssigen Gelände. Pfeiler gleichen die Höhenunterschiede aus und ermöglichen einen ungehinderten Fluss des Regenwassers.

La maison, située sur un terrain en pente, repose sur des piliers qui réduisent son importance au sol tout en permettant l'écoulement de l'eau de pluie.

Het huis staat op pijlers tegen een steile helling aan. Daardoor wordt de grond minder belast en kunnen regen en water er vrijelijk onderdoor stromen.

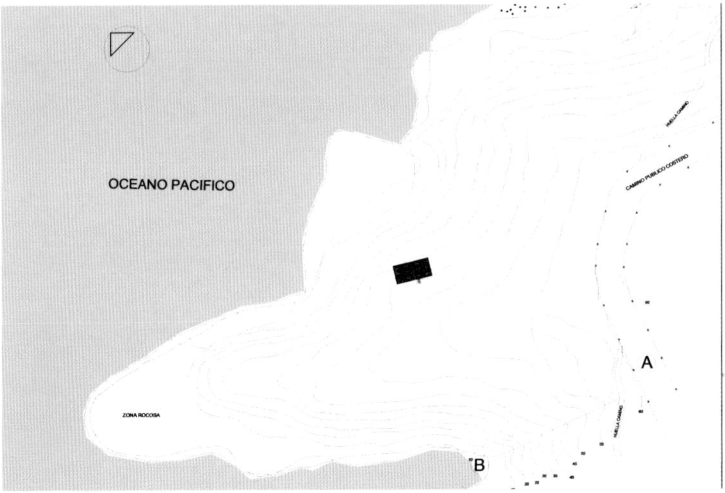

Site plan

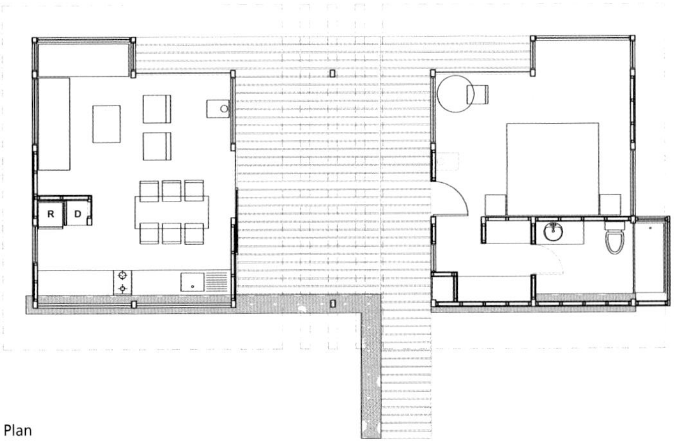

Plan

This house is located in natural surroundings protected by Unesco, which means the area and the rules governing it determined the characteristics of the construction. Prefabricated materials were used, although some finishes were completed *in situ*. The design allows for fabulous views of the lake and the Alps.

Vorschriften bestimmten die Konstruktion dieses in einer Unesco-geschützten Umgebung gelegenen Hauses. Es wurden hauptsächlich Fertigbauteile verwendet. Das Gebäude bietet außerdem eine unvergleichliche Aussicht auf den See und die Alpen.

MAISON PERRET

L-Architectes

Lavaux, Switzerland

Cette maison est située dans un cadre naturel protégé par l'Unesco, où toute construction est assujettie à des critères stricts. On a utilisé des matériaux préfabriqués bien que certaines finitions aient été réalisées sur place. Le design de la maison offre des vues fabuleuses du lac et des Alpes.

Dit huis staat in een gebied dat op de Werelderfgoedlijst van de Unesco staat, wat inhoudt dat de bouw aan strenge voorschriften gebonden was. Er werden prefabmaterialen gebruikt, maar sommige afwerkingen vonden ter plekke plaats. Door het ontwerp is er sprake van een spectaculair uitzicht over het meer en de Alpen.

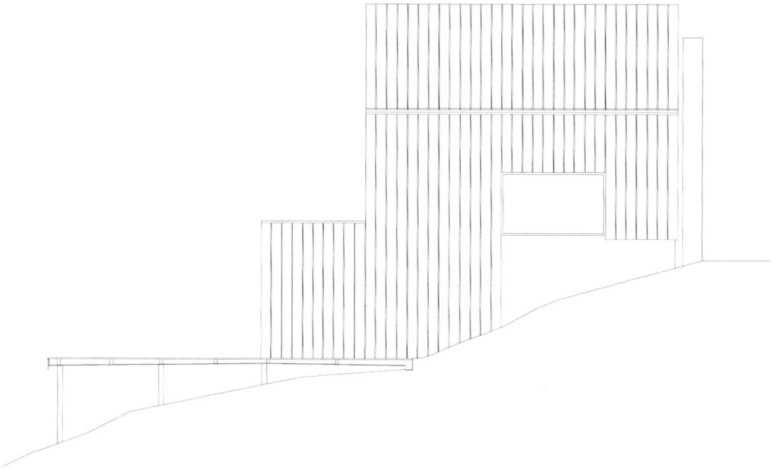

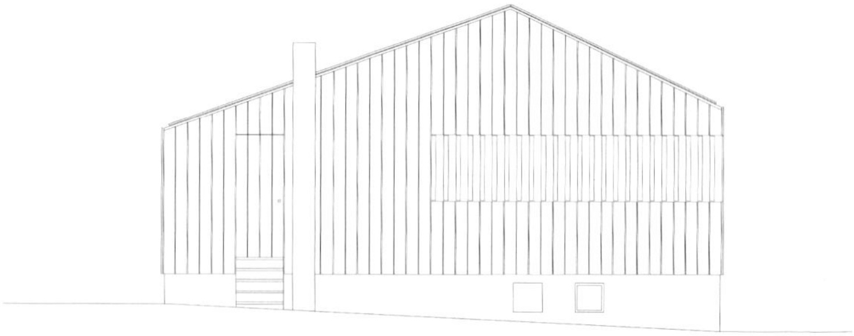

Elevations

This project, carried out in Montcada i Reixac, is the brave gamble of this architect in pursuit of sustainable, attractive and cheap architecture. Recycled and recovered materials were used and there was minimum waste.

Nachhaltigkeit und eine attraktive und günstige Architektur standen bei diesem in Montcada i Reixac ausgeführten Projekt im Vordergrund. Um möglichst wenig Abfall zu produzieren, wurden recycelte Materialien eingesetzt.

R4 HOUSE

Luis de Garrido

Construmat 2007, Barcelona

Montcada i Reixac, Spain

Ce projet, réalisé à Montcada i Reixac, est le défi courageux d'un architecte en quête d'une architecture durable, esthétique et bon marché. La maison a été bâtie avec des matériaux recyclés et récupérés, créant ainsi peu de déchets.

Dit project, uitgevoerd in Montcada i Reixac, is een waagstuk van de architect, die streeft naar duurzame, aantrekkelijke en toch betaalbare architectuur. Er is gebruikgemaakt van gerecyclede en hergebruikte materialen, waardoor er weinig afval was.

The structure of the properties, made from shipping containers, provide flexible, reusable and mobile housing at very low cost.

Das aus Schiffscontainern errichtete Haus ermöglicht ein flexibles, umweltfreundliches und kostengünstiges Wohnen.

L'ossature de ces habitations faites d'un assemblage de containers procure un logement malléable, réutilisable et transportable à bas prix.

De constructie van de woonheden, gemaakt van containers, leidt tot flexibele, herbruikbare en verplaatsbare woningen tegen een lage prijs.

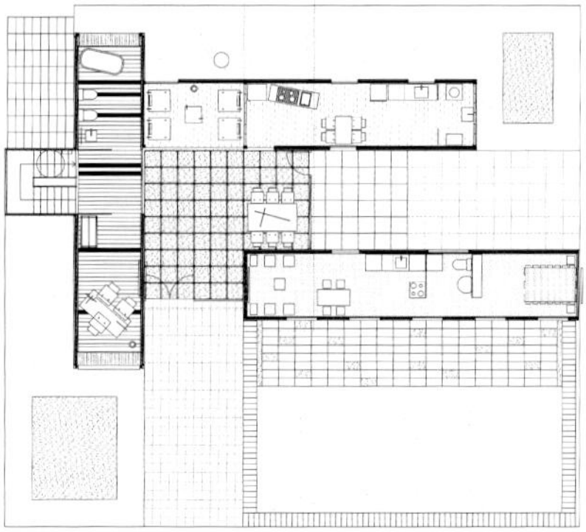

Ground floor

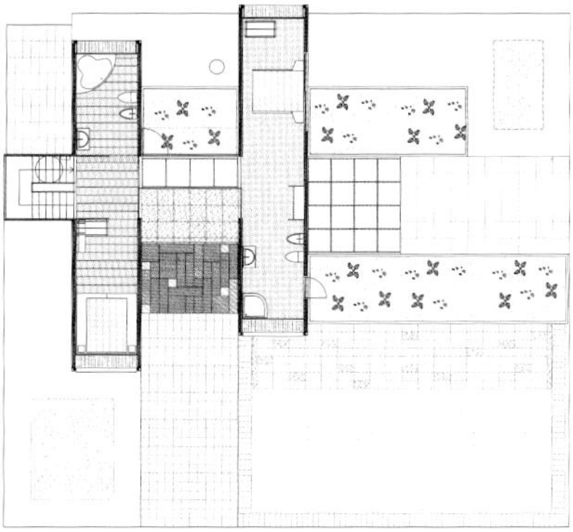

First floor

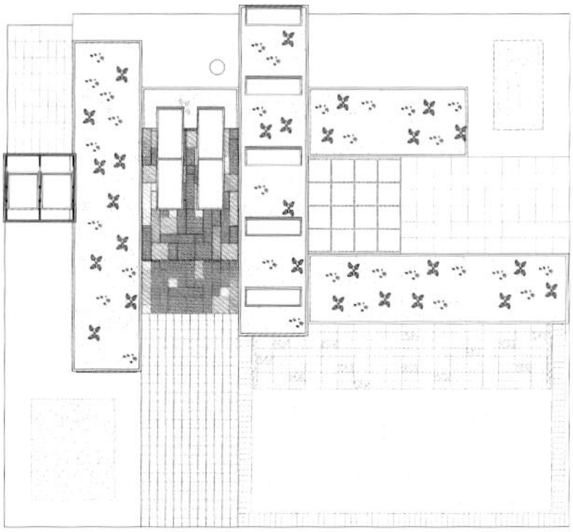

Roof floor

R4 HOUSE
CONSTRUMAT
BARCELONA
p-block

R4 HOUSE
LA REFERENCIA EN ARQUITECTURA SOSTENIBLE
gala
LAMP
runtal
SEVASA
Teka
uponor

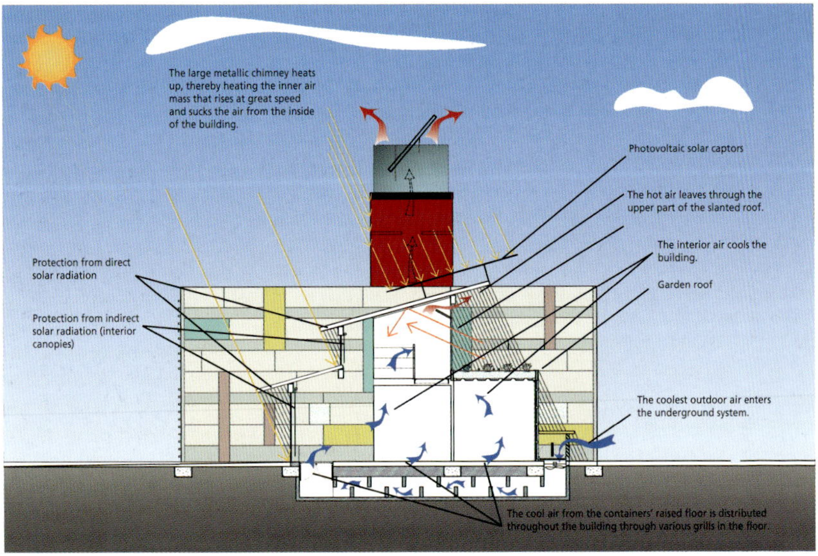

Bioclimatic section 1 (summer)

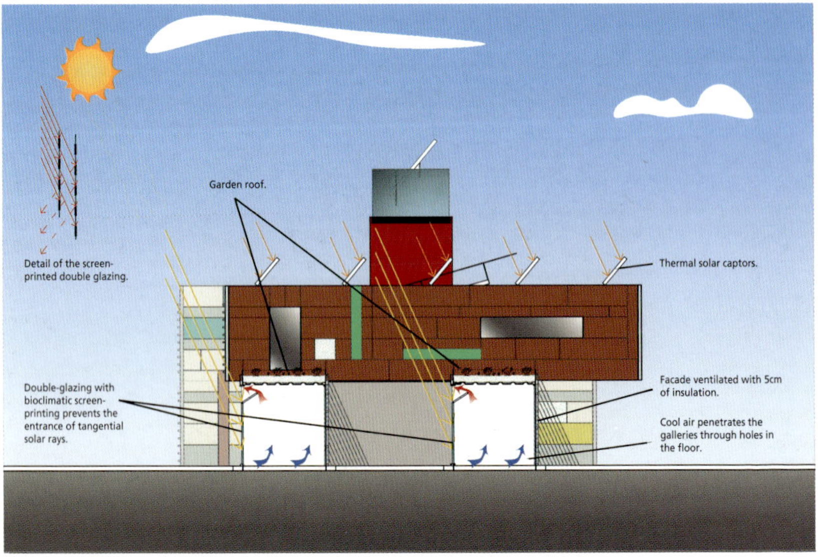

Bioclimatic section 2 (summer)

ANAS

gala

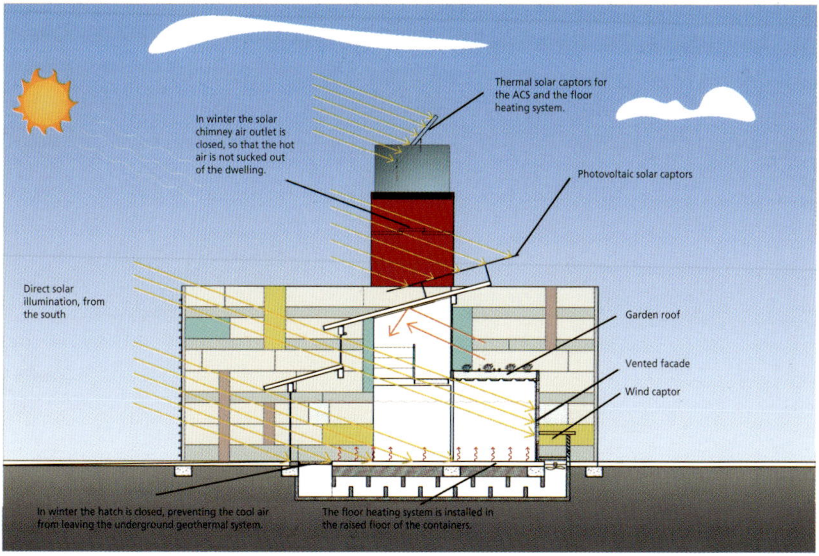

Bioclimatic section 1 (winter)

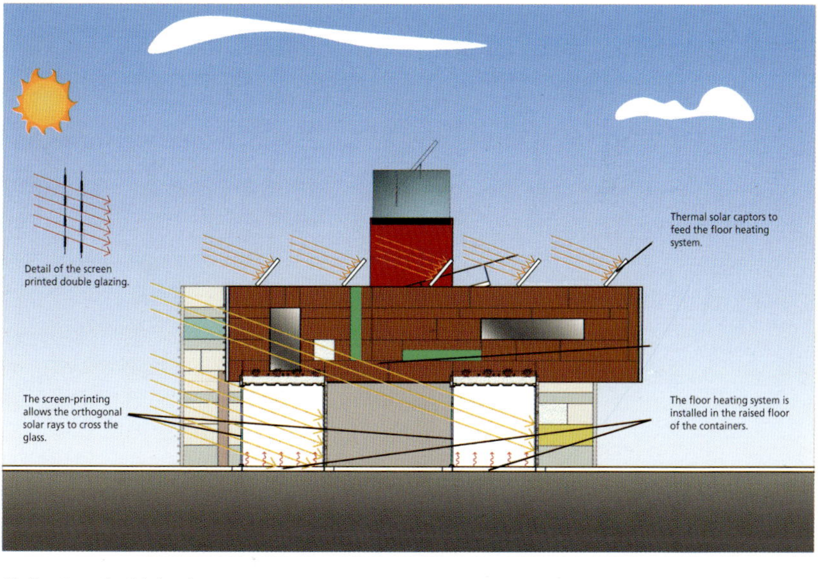

Bioclimatic section 2 (winter)

Built for a trade fair, these modules are made up of prefabricated components which can be transported and assembled *in situ*. The foundations and the structure are independent for each module, as are the domestic water distribution, the sewage pipes, the automated control of space and the availability of electricity.

Diese für eine Messe konstruierten Module bestehen aus Fertigteilen, die transportiert und vor Ort aufgebaut werden können. Die Fundamente und die Tragwerke sind bei jedem Modul unabhängig, ebenso wie die Wasserversorgung, die Abwasserleitungen, die Haustechnik und die Stromversorgung für jedes Modul.

AUTONOMOUS MODULES

Cannatà & Fernandes Arquitectos

Concreta, Exponor, Oporto, Portugal

Construit pour une foire commerciale, ces modules sont bâtis avec des composants préfabriqués qui sont assemblés sur place. Les fondations et la structure sont indépendantes pour chaque module, et il en va de même pour la distribution de l'eau, les tuyaux d'évacuation, le contrôle automatique de l'espace et l'électricité.

Deze modules, die gemaakt zijn voor een beurs, bestaan uit geprefabriceerde componenten die makkelijk vervoerd en ter plekke geassembleerd kunnen worden. Elke module heeft een eigen fundering en structuur, evenals een eigen waterleiding, riolering, geautomatiseerde ruimtebeheersing en elektriciteit.

dst

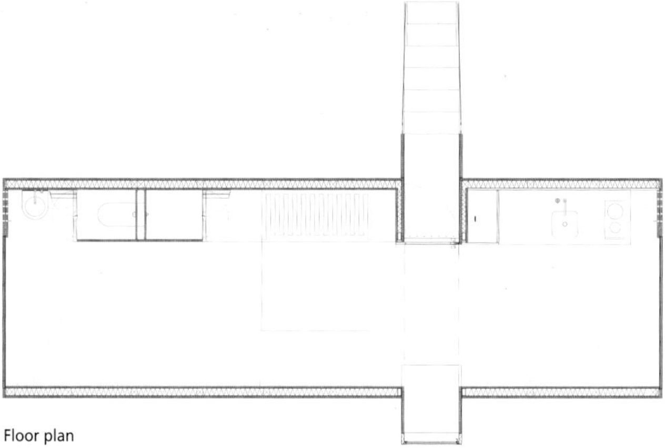

Floor plan

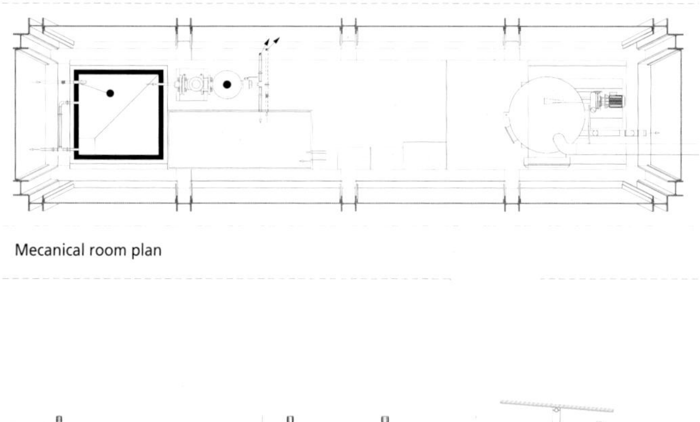

Mecanical room plan

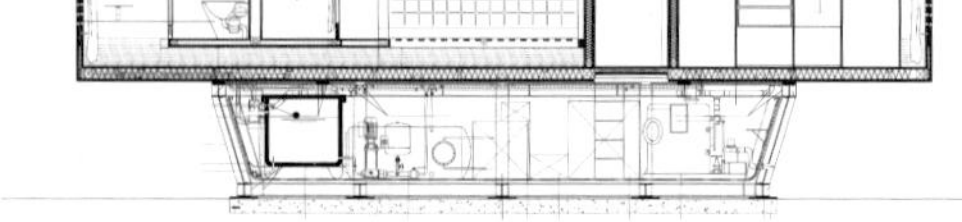

Sections

The use of solar energy and the reduction in construction waste, which is typical with prefabricated architecture, add to the clearly sustainable character of the properties.

Die Verwendung von Solarenergie und die Reduzierung des für den Fertigbau typischen Bauabfalls ergänzen den nachhaltigen Charakter dieser Gebäude.

L'utilisation de l'énergie solaire et la diminution des déchets, propre à l'architecture préfabriquée, renforce le caractère de durabilité de ces habitations.

Zonne-energie en de vermindering van de hoeveelheid bouwafval, typerend voor prefab-architectuur, dragen bij aan de duurzame aard van de woningen.

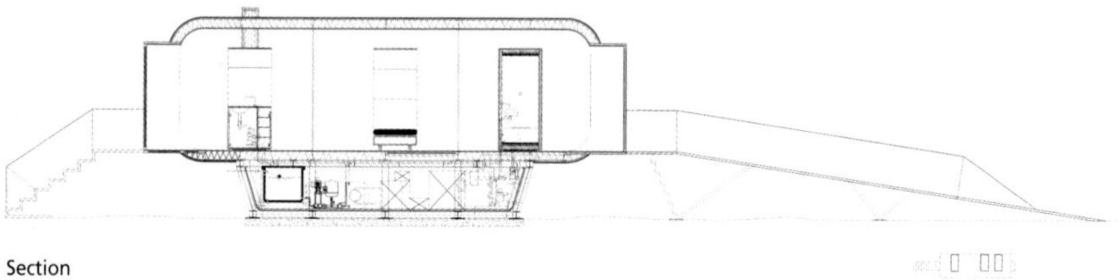

Section

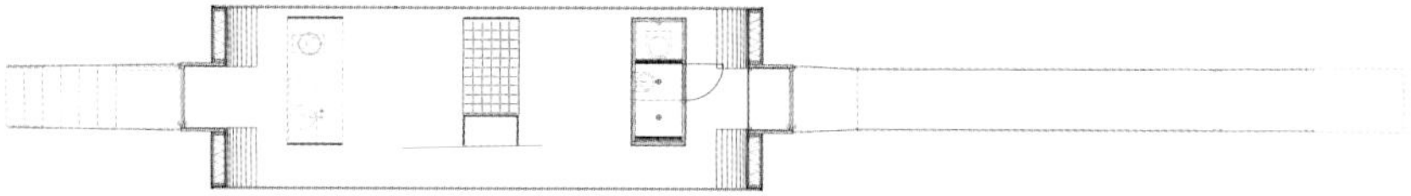

Floor plan

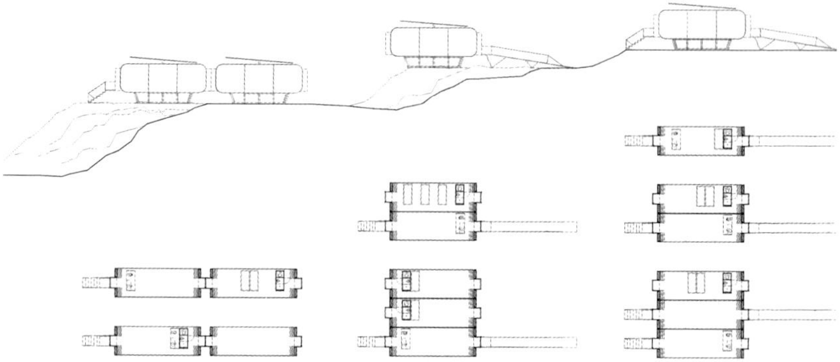

Module combinations (elevations and floor plans)

CAPA

DIRECTORY

p. 12-23 **Domespace International**
Patrick Marsilli (conception)
155 Voie Romaine
29000 Quimper, France
Tel.: +33 0298 57 60 60
www.domespace.com
© Benjamin Thoby

p. 24-35 **Michelle Kaufmann**
580 2nd Street, Ste. 245
Oakland, CA 94607, USA
Tel.: +1 510 271 8015
www.michellekaufmann.com
© John Swain

p. 36-47 **Obie G. Bowman Architects**
P.O. Box 1114
Healdsburg, CA 95448, USA
Tel./Fax: +1 707 433 7833
www.obiebowman.com
© Obie G. Bowman, Robert Foothorap

p. 48-57 **Andreas Wenning/Baumraum**
Roonstrasse 49
28203 Bremen, Germany
Tel./Fax: +49 421 705 122
www.baumraum.de
© Alasdair Jardine

p. 58-67 **Studio NL-D**
Postbus 21749
3001 AS Rotterdam, The Netherlands
Tel.: +1 31 10 281 0791
www.studionl-d.com
© Hans Werlemann/Hectic Pictures

p. 68-79 **Markus Gentner/att architekten**
Bauerngasse 12
90443 Nuremberg, Germany
Tel.: +49 911 27 44 79 0
www.markus-gentner-architekt.de
© Stefan Meyer

p. 80-89 **Jordan Architektur & Energie**
Hartfeld 8
4300 St. Valentin, Austria
Tel.: +43 7435 58706
www.jordan-solar.at
© Andreas Buchberger

p. 90-101 **John Friedman Alice Kimm Architects**
701 East 3rd Street, Suite 300
Los Angeles, CA 90013, USA
Tel.: +1 213 253 4740
www.jfak.net
© Benny Chan/Fotoworks

p. 102-113 **Luis de Garrido**
Blasco Ibañez 114, ptas. 7, 9
46022 Valencia, Spain
Tel.: +34 963 567 070
www.luisdegarrido.com

Casas Bioclimáticas, S.L.
(construction company)
La Paz 17, 4.ª planta, puerta 8
46003 Valencia, Spain
Tel.: +34 963 510 907
www.casasbioclimaticas.com
© Mayte Piera

p. 114-121 **Nicola Vallribera Arquitectes**
Felip Benessat 37
08202 Sabadell, Spain
Tel./Fax: +34 937 261 984
© Adrià Goula

p. 122-129 **Peter Cardew Architects**
1661 Duranleau Street
Vancouver, BC V6H 3S3, Canada
Tel./Fax: +1 604 681 6044
www.cardew.ca
© Peter Cardew, Sarah Murray

p. 130-139 **Mauro Munhoz Arquitetura**
Andrea Feltrin, Eduardo Lopes, Viviane Alves, Fabiana Tanuri (collaborators)
Rua Capitão Antonio Rosa 376, cj. 42
01443-900 São Paulo, Brazil
Tel.: +55 011 3081 6639
www.mauromunhoz.arq.br
© Nelson Kon

p. 140-149 **Martin Liefhebber/Breathe Architects**
177 1st Avenue
Toronto, Ontario M4M 1X3, Canada
Tel.: +1 416 469 0018
www.breathebyassociation.com
© Martin Liefhebber

p. 150-157 **Tonkin-Zulaikha-Greer Architects**
117 Reservoir St
Surry Hills, NSW 2010, Australia
Tel.: +61 2 9215 4900
www.tzg.com.au
© Patrick Bingham Hall

p. 158-167 **1+2 Architecture**
31 Melville Street
Hobart, Tasmania 7000, Australia
Tel.: +61 3 6234 8122
www.1plus2architecture.com
© 1+2 Architecture, Peter Hyatt

p. 168-175 **Marcos Acayaba**
Rua Helena 170, cj. 143, Vila Olímpia
04552 São Paulo, Brazil
Tel.: +55 11 3845 0738
www.marcosacayaba.arq.br
© Nelson Kon

p. 176-183 **Treehouse Company**
Retreat Cottage, 87 High St, Wollaston
Northamptonshire NN29 7QE, UK
Tel.: +44 (0)1560 600111
www.treehousecompany.com
© Chris Tubbs

p. 184-193 **Sebastián Irarrázaval**
O'brien 2458
Vitacura, Santiago de Chile, Chile
Tel./Fax: +56 2 245 6252
www.sebastianirarrazaval.com
© Carlos Eguiguren

p. 194-203 **Belzberg Architects**
1501 Colorado Ave., Suite B
Santa Monica, CA 90404, USA
Tel.: +1 310 453 9611
www.belzbergarchitects.com
© Tim Street Porter

p. 204-211 **Sambuichi Architects**
8-3-302 Nakajima-cho
Naka-ku Hiroshima 730-0811, Japan
Tel.: +81 82 544 1417
© Hiroyuki Hirai

p. 212-221 **Álvaro Ramírez & Clarisa Elton**
Nueva Costanera 4076
Vitacura, Santiago de Chile, Chile
Tel./Fax: +56 2 953 5248
www.ramirez-moletto.cl
© Álvaro Ramírez & Clarisa Elton

p. 222-231 **L-Architectes**
Côtes de Montbenon 23
CH 1003 Laussane, Switzerland
Tel.: +41 31 312 2622
www.l-architectes.ch
© Jean Michel Landecy

p. 232-243 **Luis de Garrido**
Blasco Ibañez 114, ptas. 7, 9
46022 Valencia, Spain
Tel.: +34 96 356 7070
www.luisdegarrido.com
© David Campos, Habitat Futura

p. 244-253 **Cannatà & Fernandes Arquitectos**
Rua Freire de Andrade 85
4250-225 Porto, Portugal
Tel.: +351 228 329 172
www.cannatafernandes.com
© Luis Ferreira Alves